快樂軌迹

10 個正向心理學的生活智慧

區祥江 著

快樂軌迹 —— 10個正向心理學的生活智慧
作者／區祥江
總編輯／馬鎮梅
責任編輯／伍詠慈
美術設計／許智超
出版發行／突破出版社
香港沙田亞公角山路33號突破青年村
電話：2632 0000　傳真：2632 0388
電郵：breakthrough@breakthrough.org.hk
網址：http://www.breakthrough.org.hk
http://www.btproduct.com
承印／陽光（彩美）印刷有限公司
2009年7月初版1刷
2021年5月初版5刷

Road to Happiness: Ten Keys of Positive Psychology to Life
by Raymond Au
First Printing, First Edition, July 2009
Fifth Printing, First Edition, May 2021

Printed in Hong Kong
ISBN 978-962-8996-53-7

誠邀閣下就突破出版社的書籍發表意見
歡迎加入突破書籍 Facebook page — http://www.facebook.com/btbooks.page
本書採用環保油墨印刷

生　活　與　輔　導

關懷、連繫、復和、

溝通、對話……

凝視心之脈動，

直到重新尋獲自己的心。

目錄

導讀：為何談快樂

2005年於哈佛大學選修人數最多的科目不是長期炙手可熱的「經濟科」，而是「正向心理學」，修讀學生多達855名，創下一個紀錄。為何有那麼多人對此科目感興趣呢？

與此同時，有一個病症的患病人數在全球迅速增長——抑鬱症。世界衞生組織指出，目前抑鬱症名列全球第四大死因（僅次於心臟病、癌症及交通事故），並預計到2020年，將成為第二大病症，僅次於心臟病。為何愈來愈多人不開心，甚至落入憂鬱的狀態呢？

當全世界許多人都熱切追求財富的時候，抑鬱症的迅速增長是否意味着金錢未必能令人更快樂？事實上，研究指出，在西方發達社會中，大多數人在2000年的快樂程度，仍維持在與1950年相若的水平。例如，美國人的生活水平提高了兩倍以上，但他們沒有變得更快樂；英國的情況也一樣，自從1975年以來，儘管英國人實際收入大幅增長，但快樂指數卻處於靜止狀態。日本的情形亦然（Richard Layard, 2006）。由此可見，財富增加與快樂增加並不成正比例。

全球經濟下滑，愈來愈多人面臨失業、公司倒閉、破產之際，抑鬱症患者勢必急劇增加。如何化解這股鬱悶的大氣候是現在社會當務之急。

正向心理學的誕生

正向心理學（Positive Psychology）的核心課題就是探討快樂或幸福。這可解釋為何有那麼多人修讀此科。然而，對許多人來說，正向心理學是一個陌生的名字。這也難怪，皆因它只有十年左右的歷史。

正向心理學是由美國心理學家 Martin E. Seligman 於 1998 年出任美國心理學會主席時正式倡議和定位的。

然而，為何 Seligman 博士倡議正向心理學呢？要回答這個問題，必要回顧心理學在上個世紀的發展了。自從第二次世界大戰以後，心理學的研究迅速發展，特別在心理與精神疾病方面。時至今日，心理學家已可以量度抑鬱症、精神分裂症、酗酒等過去認為是很模糊的概念，並且能夠做到相當精準的描繪，最重要是他們知道怎樣治療這些疾病。可是，Seligman 指出，這個進步的代價很高：為了要脫離使生命痛苦的狀態，反而忽略生命最主要的目的——找出生命的意義。換言之，心理學所關心的，除了是「問題」之外，還要注重如何生活得快樂、成功和有意義。因此 Seligman 趁他擔任美國心理學會主席以及人類踏入二十一世紀之際，倡議正向心理學，把心理學重新對焦，正視人的正面發展，研究包括下列三個主要範圍：

1. **正向情緒（positive emotion）**：如快樂、自信、樂觀、滿足感等。

2. **正向特質（positive traits）**：包括對強項（strengths）、美德（virtures）以及能力的研究，如勇氣、正直、公平、忠誠、希望、創造力、社交能力等。

3. **正向組織（positive institute）**：研究能夠支持和發展個人能力和長處的各種系統或組織，包括家庭、學校、社會、文化等。

雖然正向心理學最近才面世，但與其說它是二十一世紀的新顯學，不如說它是為心理學長期以來累積了不少有關人的正向發展之研究正名而已。

真實的快樂

談及快樂，不能不先分辨兩種不同的快樂。其一是「感覺良好的快樂」(feel-good happiness)，其二是「價值為本的快樂」(value-based happiness)。前者是一種以感官為主的快感（sensation-based pleasure），當我們談笑或做愛時，我們就經驗到「感覺良好的快樂」。由於這種快樂受制於「報酬遞減律」(the law of diminishing returns)，因此，它必須不斷增強刺激才能獲得快感。然而，這種快樂很少持續數小時之久。另一方面，「價值為本的快樂」，是源於我們感到自己的生命有意義，以及能滿足某種較高層次的目的。它代表一種精神上的滿足，是來自更宏大的目的和價值。此種快樂不受「報酬遞減律」影響，因此也不受時間限制。

以上所談及的「價值為本的快樂」與 Seligman 所講的「真實的快樂」如出一轍。Seligman 在《真實的快樂》(*Authentic Happiness*) 一書中指出，真實的快樂來自能夠做、應該做和值得做的事情，人於此能全情投入，盡展所長，並且對自己的過去、現在和將來（即整全的人生），都抱着正面、積極的態度。Seligman 稱此為「完整的快樂」。他進一步指出，人要獲得此種完整或真實的快樂，就必須朝向下列三個目標進發：

1. **快活的人生（pleasant life）**：在生活中經驗和培養正面的情緒。

2. **美好的人生（good life）**：能夠在各種生活的重要環節中（包括家庭、人際關係、工作、子女管教等）運用我們個人獨特的強項和美德，便可達到美好的生活。

3. **有意義的人生（meaning life）**：在快活和美好的人生之上，我們更可以追尋有意義的人生。Seligman 指出，能夠運用個人獨特的強項和美德，達至更高層次的目標，生活便更有意義了。

快樂的科學

「快樂」這個觀念一直都是人類長期的關注，不過以往的探討都不外是哲學式的猜想而已，直至正向心理學的出現，快樂這課題才成為一門科學（the science of happiness）。正向心理學家如 Ed Diener, S. Lyubomirsky, D.G. Myers, B.L. Fredrickson 及 R. A. Emmons 等人均採用科學實證方法，探討快樂的本質、成分、成因、影響，以及如何量度和促進快樂等課題，為求做到客觀和科學化的結論。以下舉例說明其中一些研究成果：

1. 研究指出，影響快樂的先天因素約佔 40%，環境和個人際遇只佔 20%，餘下的約 40% 則屬於個人所能控制的範圍，即是人可以選擇去做令自己開心或不開心的事情。換言之，個人的思想模式、信念、對事情的理解、解難的能力及行為模式等受控制的因素，都可以決定一個人是否快樂。

2. 研究發現，快樂的人傾向：

   - 樂觀、開朗、令人愉快
   - 有親密的朋友或滿意的婚姻
   - 有能施展才華的工作
   - 擁有富意義的宗教信仰
   - 高自尊（在個人主義取向的國家中）
   - 睡眠好和積極鍛煉

   然而，快樂似乎與下列因素關係不大：

   - 金錢
   - 年齡
   - 性別
   - 教育水平
   - 養兒育女
   - 外表吸引力

3. 研究指出，正向情緒本身不但能帶給人快樂，還可以使人和外界的交往更成功，此乃正向情緒的雙贏特質 —— 拓廣和建構（broaden and build），亦即成長和正向的發展。

以上只是快樂科學研究的一鱗半爪而已，總括來說，快樂這個觀念已不再是主觀的想法，而是一個學術課題了。

預防勝於治療

「幹嘛要快樂？」相信沒有人會這樣問，因為快樂似乎是我們生命的一部分，無需為它找理由（happy for no reasons）。相對來說，我們只會不停地追問自己為什麼不快樂。所以，問題不是：「我們很快樂、太快樂」，而是「我們不快樂、不開心」。「快樂」從來都不成問題，憂鬱，即不開心才成為問題。

如前述，抑鬱症病者的數目將一直上升，換言之，未來會有愈來愈多人不開心，那麼，我們可以怎樣做去減少抑鬱症的發生呢？

正向心理學的主要功能就是幫助人類預防憂鬱等心理和精神疾病的發生。且聽 Seligman 的解釋：「自從 2001 年九一一恐怖襲擊事件之後，更加深我思考正向心理學的相關性。在動亂的時候，了解和減輕痛苦會增加快樂的了解和建立嗎？我想不會。一個什麼都失去了、憂鬱或想要自殺的人，在意的不僅是解除痛苦而已。他們迫切需要美德、生命的目的、正直及生命的意義。引發正向情緒的經驗會使負面情緒快速消失……強項和美德會幫助我們抵擋不幸的心理疾病，像防震保護層似的使我們不受傷害，甚至成為重建再起的關鍵。」(《真實的快樂》頁 30）一言以蔽，快樂是預防憂鬱的最佳疫苗，因此，今日社會當務之急是幫助人們學習快樂之道，令鬱悶的氣候消失，重建健康和快樂的生活。

本書乃區祥江博士另一力作，旨在闡釋促進快樂的方法。得悉他有意出版此書，便自薦替他的新書寫導讀，讓讀者認識為何要探討快樂。

曾立煌

成長及輔導書籍作者

引言：快樂的軌迹

快樂其實分分鐘把您等
只要您識得點去搵

快樂長伴我這一生
皆因我是快樂人

許冠傑《快樂》

我想每個人都希望自己笑口常開，有快樂長伴自己一生，但成為一個開心快樂人並不是想像中簡單，不是人人都像許冠傑在《快樂》一曲所講「識得點去搵」。有人說，這是一個抑鬱的年代。根據世界衛生組織 2001 年的報告，全球男性抑鬱症患者約為總人口的 5.8%，女性則為 9.5%，而抑鬱症更將於 2020 年，繼心臟病後成為全球第二號殺手。

筆者作為心理輔導工作者，工作中大部分時間是為人除去心中的不快樂，要抵擋這第二號殺手，並不是躲在輔導室就能夠扭轉這個普遍的社會現象。我喜見心理學界有一個新方向，是循正面的路徑，去對付這第二號殺手，就是近十年心理學的

一門新學問 —— 正向心理學（Positive Psychology），由美國心理學家 Martin E. Seligman 於 1998 年出任美國心理學會主席時倡議的。Seligman 聯同其他心理學家，有系統地勾劃正面心理學的範疇。他們從負面的病態研究，轉向研究人如何活得更快樂、精彩和豐盛。

Seligman 提出了一條快樂的方程式：

H= S（40%）+ C（20%）+ V（40%）

H（happiness）就是快樂指數；S（set range）指與生俱來的情緒基調，影響約佔 40%。有些人天生較易開心，有些則較易憂鬱。原來每個人天生都有一個快樂的幅度，後天因素亦很難改變。正如你身體有一個體重的幅度，不會因為你一次吃多了而改變，身體會自然調節到原來的重量。Seligman 指這個快樂的基調是先天或性格已主導了它的幅度。有一些人天生是大笑姑婆，有一些卻是憂鬱小生型，後天未必能大改它快樂的基數。C 代表現實環境和個人的際遇（circumstances），一般人以為 C 最重要，以為環境順利、如意是快樂的保證，但原來 C 在快樂方程式中只佔 20% 而已。V 是指個人所能控制的範圍（voluntary activities），即你怎樣選擇做些令自己開心或不開心的事情，約佔整體的 40%。這不是一個好消息嗎？我們能控制的、令自己快樂一點的機會佔四成。若我們培養出一些令自己快樂的習慣，就有很大機會過一個快樂的人生。

經驗取樣方法的啟示

正向心理學家以科學的方法來研究快樂的狀況，其中一個有趣的方法稱為經驗取樣方法（Experience Sampling Method），它與問卷式的調查有別。受訪者要隨身攜帶一個響鬧裝置，在不規則的時段，響鬧裝置會響起，受訪者就要回答她當時在做什麼，她們的快樂情緒程度如何等等。在美國有 900 名婦女參與測試，調查結果顯示她們感到最快樂的活動，依次序是：

1. 性
2. 社交
3. 鬆弛的活動
4. 祈禱或默想
5. 吃美食

不少婦女宣稱她們的快樂來自孩子，但這方法卻得到很不同的結果，照顧子女竟然是接近榜尾，只比家務高一點。

我對研究的差異並不感到出奇，因為在做問卷調查時，婦女們只是回望，見到子女成長就感到滿足。不過她們每日照顧子女的實況是：子女會不聽話、不受教，令母親動怒，所以，當即時抽查，她們未必會給予照顧子女一個代表愉快的分數。

這研究方法為我們指示一個快樂的途徑。如果我們培養一些快樂的生活習慣，當從我們的經歷中隨機抽取，檢視我們是否快樂時，我可以大膽的假設，有快樂習慣的人一定會被評定為一個快樂人。所以為自己的生活設計一些快樂的活動，甚至培養成生活習慣，是十分重要的。

唾手可得的快樂習慣

既然快樂是我們可以掌握的，只要我們培養出一些令自己快樂的習慣，就很有機會過一個快活、美好和有意義的人生。這就是我寫這本書背後的信念，我在快樂這課題上做了一些研究，將培養快樂歸納為快樂的十個習慣。多年前我寫了一本名為《生命軌迹》的書，書中有兩個了解問題的框架，也是我日常思考組織的助手，所以當我開展對快樂的研究時，自然地將快樂的習慣，放在時間走廊與人際關係網的兩個框架之內。

許冠傑許多年前有一首名叫《快樂》的歌，我在一次公開的講座中，曾經以這首歌傳遞的快樂信息作講座的總結，座中的聽眾一起唱着這首歌，整個會堂的氣氛就興奮起來。這首歌不單有輕快的調子，我經過細心分析，發覺歌詞的內容與筆者的十個快樂習慣，有八個相關的概念。現在將這首歌與時間走廊及人際關係網的兩個框架一起整合，在進入正式討論之前，讓讀者對這十個習慣先有一個概覽。

快樂

曲：許冠傑
詞：許冠傑

快樂是陽光普照的清晨

快樂是流水美妙的音韻

快樂其實分分鐘把您等

只要您識得點去搵

快樂是尋找天際的星辰
快樂是回憶沙灘的足印
快樂其實邊一位都有份
不管您是富或貧

朋友愛　父母恩
每刻溫暖在我心
豁達滿足　仁愛施恩
快樂便常共您相親

快樂是離開都市的煙塵
快樂是回家往浴缸一浸
快樂是一首好歌嘴裏哼
一張晚報　一杯香檳

快樂是賢妻給我的精神
快樂是兒子親暱的一吻
快樂長伴我這一生
皆因我是快樂人

時間走廊上的快樂習慣

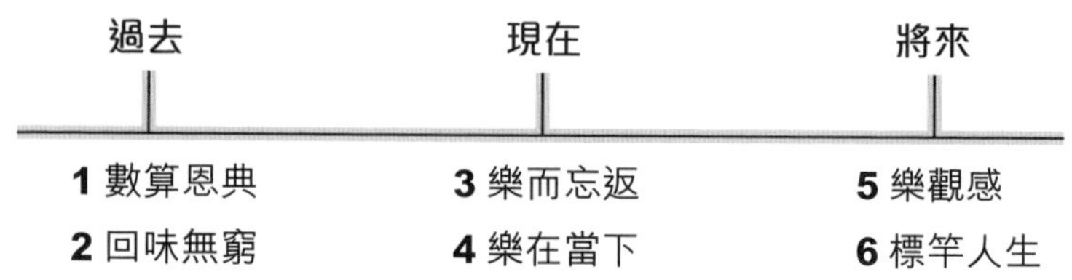

歌詞出現了兩次「其實」，這個詞語想傳遞一些平常人忽略的信息，就是「快樂其實分分鐘把您等，只要您識得點去搵」，這也是我全本書的核心信念，快樂是不在乎你富或貧，人人都有份。只要你掌握快樂的祕訣，將快樂培養成生活習慣，便分分鐘都有機會快樂起來。

1. **過去：數算恩典**（count your blessing, gratitude）

2. **過去：回味無窮**（savoring）

歌詞中提及在時間走廊過去的快樂習慣，包括對過去的回味（「回憶沙灘的足印」）和感恩（「父母恩」）。

在《生命軌迹》一書中〈清理未了結的帳〉，我曾以處理未了結的事情（unfinished business）來跨過自己成長的障礙，因為有不少人受自己不快樂的過去影響，當被人知道自己的死穴所在，或一些類似昔日受困擾的情景出現，就會牽動自己負面的情緒，不快樂的感覺被過去未了結的事情引發出來，所以能夠正視這部分的過去是重要的。

但處理未了結的事情只是減少我們的不快，正向心理學對建立快樂也沿着一個過去的軌迹，不過是從負面轉向正面的，就是透過數算恩典和回味來增加自己的快樂。

3. 現在：樂而忘返（Flow）

在時間走廊的現在找到快樂，就是讓自己好好活在當下及全情投入面前的工作、任務中。不過，許冠傑寫這首歌的時候，正向心理學提出 Flow（忘我，有譯作心流或神馳）的觀念還未普及，所以，他並沒有提這方面的快樂習慣。不過，作為一個音樂人，我相信他在練歌和製作唱片的過程，一定有不少忘我的體驗。

「忘我」是一種快樂投入的狀態，當我們在手上的任務中找到意義和挑戰，感受到趣味，上班時就不會感到度日如年；反之，能有創意地為自己手頭的工作，增加挑戰和趣味，是我們樂在當下的快樂祕訣。正如曾先生在導讀中提及有關快樂的人的研究，從事能夠施展才華的工作是快樂的來源之一。

4. **現在：樂在當下**（here & now pleasure）

歌詞提到能樂在當下的享受是十分簡單的，絕不昂貴，只「一首好歌」、「一張晚報」或「一杯香檳」。「快樂是離開都市的煙塵，快樂是回家往浴缸一浸 」，是忙裏偷閒，獲得感官上的享受。另外，大自然也是我們快樂的泉源，歌詞一開始就以「快樂是陽光普照的清晨」「快樂是流水美妙的音韻」來帶動快樂的感覺，我相信上主創造大自然，讓我們從觀賞大自然的一點一滴，找到快樂的靈感。筆者提倡的時間上富有及 Mindfulness 的操練，與這兩句歌詞，充分呼應。

5. **將來：樂觀感**（optimism）

樂觀感是面向將來不可缺的元素，全首歌的調子都是傳遞這種樂觀的信息，例如，他相信「快樂其實邊一位都有份」、「快樂長伴我這一生」，他也相信自己是一個快樂人。

一個快樂的人，也是個對前景樂觀的人。正向心理學大師 Martin Seligman 也是研究樂觀感（optimism）的專家，他發現樂觀的人的思考與悲觀的人很不同。樂觀的人的思考有三方面的特色：第一，他不會把逆境看作自己全盤的失敗，只是生命某一範圍的困難；第二，他能看清逆境的外在因素及自己應付的責任，不會只怪責自己技不如人；第三，他看當前的逆境很快會過去，不會揮之不去的。這種思考方式的人，會比較快樂。雖然他首兩項的理論建構是如何理解已發生的逆境，我相信一個人能不看自己是全盤的失敗、能把失敗的責任看得合乎中道，他才有動力和心靈的空間去面對前面的困難，不會受過去的挫敗所困，這也有助我們更有效面對將來。筆者也會增添有關盼望心理學在這方面的貢獻。

6. 將來：標竿人生（purpose & meaningful goal）

人類有一個奇妙的特質，就是我們可以在時間的走廊上遊走。既可活在當下，也可回到過去，更可以走進將來。將來是我們人生意義和盼望所在，它給了我們不少快樂的源頭。

歌詞中「快樂是尋找天際的星辰」，意味着一種理想的追求，一個人追求夢想的過程是人為人生訂下目標，在目標達到的時候可以歡呼快樂。有不少人雖然擁有財富，卻仍舊很不快樂，甚至落到情緒低落或想自殺了結自己生命的地步，細心查問，他們都是痛失所愛，覺得不能在將來重拾相近的快樂、或是找不到一個繼續活下去的原因。使命人生（purpose driven life）之所以成就快樂人生，因我們找到人生意義和使命，它成為我們的生活目標，給了我們生命的動力。

獨樂樂不如眾樂樂。研究快樂的正向心理學家一致指出，人際關係是我們重要的快樂來源，我看到有四項人際的習慣是有助快樂的。

人際網絡上的快樂習慣

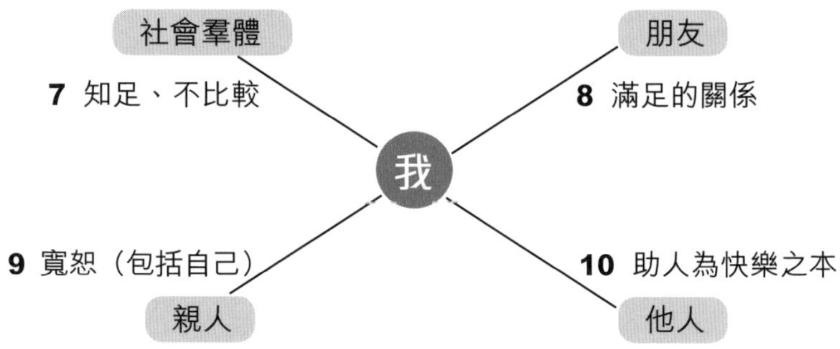

7. 我與社羣：知足、不比較

在歌詞中，「豁達滿足」的「豁達」是指一個人種種事情都看得開、放得下，自然也不會與人比較。「滿足」就是知足，當認識自己所有的多於自己想要的，他自然就會快樂。

俗語有云：「人比人，比死人」。從另一個角度來看，一個快樂的人較少與別人比較。相反，不快樂的人傾向往上比（upward comparison），縱然自己有私人物業，也會因身邊朋友住豪宅而不快樂。我們若不能避免與人比較，或許我們要多向下比（downward comparison），認識到自己的境況比很多人好，會較容易養成知足常樂的習慣。

8. 我與朋友：滿足的關係（nurturing relationship）

歌詞提到不同的人際關係帶來快樂的例子很多，包括「朋友愛」、「父母恩」、「賢妻給我的精神」、「兒子親暱的一吻」。是的，我們不少快樂來自一些滿足的關係。

獨樂樂不如眾樂樂是一個公認的道理，人際互動中的歡笑、幽默，家人間的支持和分享，都是我們快樂之源。研究發現一個外向的人比內向的人更快樂，因為不少的快樂經驗是透過人際接觸產生的，一份互相滋潤的關係會令人感到滿足，外向的人通常比內向的人有更多機會遇到快樂的經驗。當然，內向的人不一定比外向的人難建立滿足的人際關係。

9. 我與親人：寬恕（forgiveness）

從寬恕中得到快樂，是歌詞中沒有提及的習慣。

一個不原諒別人或自己的人是不快樂的，因為他心裏充滿苦毒、憤怒和怨恨，這些揮之不去的負面情緒會使人不快樂。耶穌要求他的門徒饒恕人七十個七次，也可能是為了我們的心理健康呢！所以，能原諒別人和自己是快樂的途徑。

10. 我與他人：助人為快樂之本（altruism）

正面來說，人際間快樂的習慣除了滿足的人際關係，也包括助人。

歌詞中的「仁愛施恩」就是樂於助人，在助人的過程中找到快樂。助人為快樂之本，童軍也鼓勵人要日行一善。不論是在車廂內讓座給有需要的人，或作義工探望長者。助人的時候，我們感到自己是個有能力的人，也會將自己個人的問題放下，得到我們幫助的人會報而微笑，或看到他們的問題得到解決、個人有成長，都是我們助人最快樂的泉源。

我按身邊的人的親疏情況，放進不同的習慣中，不是說某一個習慣不會在某特定的對象出現，而是說某一個習慣會較多出現在那類別。例如，我們比較的對象多是一個社羣或社會標準；另外，很多人都會傷害我們，不過通常愈親近的人就愈容易傷害我們，所以寬恕的應用多在家人或配偶。我們較少與一些不相熟的人建立滿足的關係，朋友卻不然，他們擁有不少令我們快樂的潛質。當我們說樂於助人的時候，也意味着不是只幫我們親愛的人；不分親疏都去幫助，更令人欣賞。

以上是十個快樂的習慣簡介，本書列舉的快樂習慣有不同的層次，幫助我們建立不同層次的快樂。這些都是不用金錢換來的快樂，你可願意實踐這些習慣呢？你會把實踐的心得與親友分享嗎？讓我們在經濟的逆境中，將快樂的祕訣傳開去。

不少人看情緒，包括快樂，是不受自己控制的，來去如風，不容易掌握。我卻看快樂是一個習慣，就在我們咫尺可及的地方，可以透過重複練習和操練養成的。所以，許冠傑的那句歌詞「快樂其實分分鐘把您等，只要您識得點去搵」也是我的信念，這本書的寫作，就是要與你從正向心理學「搵」到快樂的祕訣。

時間走廊上的
快樂習慣

1 過去：數算恩典
2 過去：回味無窮
3 現在：樂而忘返
4 現在：樂在當下
5 將來：樂觀感
6 將來：標竿人生

1 過去：數算恩典

快樂是不能尋覓、擁有、賺取、用舊或消耗的。

快樂是一種屬靈生活的體驗，就是生活每時每刻都帶着愛、恩典和感恩。

Denis Waitley，《樂在工作》作者

感恩圖報的體驗

一個影響我生命成長的重要因素，是我有不少寵愛自己的導師，特別是一些年少時遇到的。由於時空隔阻，我錯失了感恩圖報的機會。其中一位是我小學時的英文老師，她對我關愛備至，見我英文字體潦草，特意送一些習字簿給我練習。中學會考期間，要到自修室溫書，自修室剛巧在她的家附近，她為省卻我回家吃飯的時間，主動請我到她的家吃晚飯，每日如是。之後，她移民到美國，大家失去聯絡，失了一個報答她的機會，現在仍感到遺憾。

另外一位導師，是影響我寫作的，她由星加坡來港讀神學，在我高中時，她到我的教會實習。她熱愛寫作，當時教會團契辦刊物，她知道我對文字工作有興趣，就栽培我，為我修改文章，將她自己的作品，給我先睹為快；也在往還的書信中鼓勵我創作，可是她回星加坡後，我們就失去聯絡，同樣，沒有機會表達謝意。

最近一對在美國認識的老師來港，這對教授夫婦在很多方面都是我學效的模範，太太是我臨牀的督導，丈夫是我博士論文的導師；他們合寫的書，平實中潛藏學術根基；既以基督信仰為基礎，又能與學術界對話，他們的作品是我寫作學習的對象。他們樂於接待學生，不論電郵或面談，他們善意的幫助，都深深感動我。我一直想着如何表達對他們的謝意，這次他們來港是一個很好的機會。除了請他們去吃一頓地道的中國菜外，還將自己深愛、放在家作擺設的雕塑送給他們留念，雖然這是我的摯愛，但送給恩師卻是一種快慰的經驗，沒有半點割愛的感覺。能夠直接向對你有恩惠的人表示謝意，是人生一大樂事。

感恩可以帶來快樂

習慣經常感恩，對我們的身心健康有多大好處？正向心理學家 Robert Emmons 及 Michael McCullough（2003）設計了一個實驗，邀請了 201 位大學生，隨機分配入三組：三組分別記錄不同的事件，第一組記下一些感恩的事件，例如：有愛護自己的父母、早上起來感到心情愉快等；第二組記下一些煩擾的事情，例如：要排隊等候、找不到車位、測驗成績欠佳等；第三組只記下一些中性的事，不給予正向或負面的提示。

他們分別記錄過去一星期所發生的感恩、或煩擾、或中性的事件五項。之後，三組人都要填寫以下四項：他們如何看人生、對未來一星期要發生的事的看法、身體上的毛病及做運動的時間。記錄感恩事件組別的人在上述任何一項，都比其他組別優勝。例如，他們對自己人生的看法較正面、對未來一星期抱較樂觀的心情，他們較少身體毛病，連做運動的時間都是最多的。見下表：

感恩帶來的正面轉變

比較的項目	組別		
	思想感恩的事件組	思想煩擾的事件組	思想中性的事件組
對生命的整體感受	5.05（最高）	4.67	4.66
對未來一星期的感受	5.48（最高）	5.11	5.10
身體的毛病	3.03（最少）	3.54	3.75
做運動的時數	4.35（最多）	3.01	3.74

多感恩帶來正面轉變的其中一個原因，由正向心理學家 Fredrickson（2001）提出，她的理論稱為「正向情緒擴充及建立的模式」（Broaden and Build Model of Positive Emotion）。她認為當我們有正向的情緒如感恩，這情緒狀況能擴闊我們的思維、增加我們個人應付事情的資源。例如，感恩的人會與施恩給他的人建立互動關係，增強人與人之間的連繫和支持，這種連繫和支持在困難的時候，就能發揮保護網的作用。有了這初步的了解，現在可以深入了解何謂感恩，以及它與快樂的關係。

感恩的三個元素

感恩包含三個元素：

1. 為某人或某事的出現，表達欣賞的同時，有一份溫暖的感覺；
2. 對這個人或這件事產生一種善意；
3. 因為這份欣賞和善意，當事人產生一種想回報的行動傾向。

我們之所以感恩，是因覺得自己生命中，有一些人對你特別有恩惠、或周遭發生的事，給你一些意想不到的愛寵。有很多事情的發生，我們可說是巧合，是眾生的偶然相碰下發生，正如在電影《奇幻逆緣》（*The Curious Case of Benjamin Button*）中，女主角被車撞倒，原來是無數人的微小行動的抉擇，導致事情發生。不如意的事發生，我們可說是天意弄人，不過有些事情是危中有機，會給人意外的驚喜。所以，你回望一些對你有好處的事情，正是眾生偶然所成；若你相信有一位超然的主宰，祂竟細緻地，牽動不少世界的運作來幫助你，這種備受恩寵的感受，會叫自己快樂不已。這恩寵的經歷也會增強我們的自我形象，我們會想，我一定有一些好處，配得別人或上天的恩寵。正如在電影《仙樂飄飄處處聞》（*Sound of Music*）的女主角一首歌 *Something Good* 所言，當得到人的愛和關懷時，縱然一個自卑的人，也會心想，我不是一無事處，總有一些好處或做了一些好事。

Something Good

Perhaps I had a wicked childhood
Perhaps I had a miserable youth
But somwhere in my wicked, miserable past
There must have been a moment of truth

So somewhere in my youth or childhood
I must have done something good

原來感恩有效驅走負面情緒：人的思想有一種正向的循環（positive cycle），當你回味別人待你好時，抑鬱的情緒就不容易出現。感恩使你專注你所得的恩惠，而不是想着自己缺乏些什麼；正面的回憶會建立我們正向的思維，由感恩而來對人對事的欣賞和善意，讓我們的記憶產生正向的偏見（a positive recall bias）。以上的心理反應，都有助驅走負面情緒。

另外，感恩會增強人際間正向的接觸，當你感到有人愛與關心，你會嘗試找機會去報答，這一來一往的正向互動，能增進人與人之間的感情。

感恩還有一個好處，它是幫助我們建立抗逆力（resilience）的其中一個重要因素。美國發生九一一事件後，除了憐憫（compassion）之外，感恩是第二項最常提及的情操。研究發現，感恩的人有較佳的應變能力，較積極去尋求情感及實際的支持，對不幸的事件有較正面的詮釋，也能從逆境中積極計劃和面對，並得到成長。反之，不懂得感恩的人，他們遇到逆境時會傾向自我埋怨、抽離自己不去解決問題，甚至否認問題等，這些傾向只會增加他們在困境中的壓力。我們從一個研究感恩與壓力的結果可以看到，感恩的人較少自我埋怨和抽離，他們詮釋不幸遭遇時亦較正面，並可以在逆境中成長，這都有助他們在逆境中減少受壓。箇中的關係見下圖（Wood, Joseph & Linley, 2007）：

感恩與壓力的關係

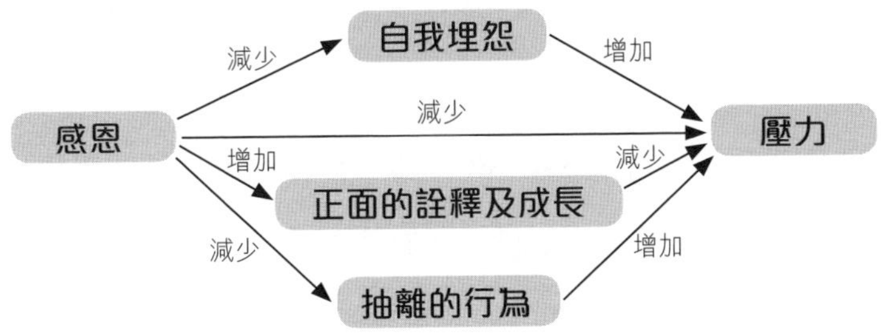

宗教信仰與感恩

宗教信仰有助快樂，是有根有據的。例如，基督徒的快樂其中一個來源是經常感恩。基督教信仰的核心是神給與人無條件的恩典，所以在基督徒團契中，感恩或謝恩是經常掛在口邊的。《聖經》的教導中也強調感恩是信徒一種應該向神表達的情操，他們也會藉着感恩得到神的扶助，甚至是出人意外的平安，試看基督徒在感恩操練上最經典的一段經文：

「你們要靠主常常喜樂。我再說，你們要喜樂。當叫眾人知道你們謙讓的心。主已經近了。應當一無掛慮，只要凡事藉着禱告、祈求，和感謝，將你們所要的告訴神。神所賜、出人意外的平安必在基督耶穌裏保守你們的心懷意念。」(《聖經・腓立比書》4:4-7)

基督教也稱為一個歌唱的宗教，所以謝恩也是他們歌唱的主要內容，其中一首謝恩詩是〈數算主恩〉。

數算主恩(**Count your Blessings**)

當你遇見苦難如同大波浪，
當你憂愁喪膽幾乎要絕望，
若把主的恩典從頭數一數，
必能叫你驚訝主奇妙看顧。

(副歌)

主的恩典，樣樣都要數；
主的作為都要記清楚，
主的恩典，樣樣都要數，
必能叫你驚訝主奇妙看顧。

(版本：《生命聖詩》)

根據互聯網上的資料，這首詩出自衞理公會牧師奧提曼·詹森（Rev. Johnson Oatman）的手筆。奧提曼牧師牧養教會多年，感到會友的靈命軟弱，愛上帝的心「不冷不熱」，源於他們不曉得數算上帝的恩惠，忘記上帝的恩典及慈愛，也忘記祂的信實與帶領。於是奧提曼牧師便寫下這首詞，用來激勵會友，提醒他們要牢牢記住上帝的恩典，不可遺忘。這樣，信徒才有力跟隨上帝。

這首詩的作曲者厄克斯（Edwin O. Excell），出身勞工之家，家境清寒，自小從事泥水工作；然而上帝賦予他與生俱來特殊的音樂才華，使他能夠一面做苦工，一面唱歌，創作音樂，大大減輕工作的辛苦。由於他心靈歡暢，創作了許多優美的作品。他創作的這首《數算主恩》，就是他眾多作品中最具代表性的聖詩之一。

《數算主恩》這首詩歌提醒信徒要知福惜福，知恩感恩，用生命來經歷和記取上帝的恩典。

（資料來源：http://www.immanuel.net/cb/hymn/Hymn.asp?HymnID=32）

可以凡事感恩嗎？

如果感恩有這麼多的正面作用，我們能凡事感恩多好。

能從看似不正面的事情，看到潛在的好處，便能教我們感恩。中國人在這方面有不少智慧，例如，塞翁失馬的故事，道出得失之間有時很難定奪。損失的時候，哀傷了一段時間後，就要重拾心情，相信或許有一些值得感恩的事正等待我們。

網上看到一篇很有意思的文章，提醒我們在很多負面的境況下，仍然可以感恩：

懂得感激

當未能得到你渴望的東西時，要懂得感激。
如果你都得到了，那還有什麼東西讓你期待？

當不明白某些事情時，要懂得感激，
因為它給予你學習的機會。

面對困境時，要懂得感激，
因為你會在困境中成長。

面對自己的缺點時，要懂得感激，

因為它們給了你改進的機會。

面對每一項新挑戰時，要懂得感激，

因為它們會鍛煉你的意志和品格。

面對自己的錯誤時，要懂得感激，

因為它們會讓你得到寶貴的教訓。

當你感到疲憊和厭倦時，要懂得感激，

因為這說明你已經盡了努力。

對好的事情懂得感激是很容易的。

但那些懂得感激挫折的人會迎來碩果纍纍的人生。

學會對自己的煩惱感激，

它們就會變成你的祝福。

（資料來源：http://www.etjy.com/index.php/234389/action_viewspace_itemid_8867.html）

增進快樂習作

習作一

用一本「感恩紀錄簿」記錄三至五件你目前心存感激的事。這些可以是平常事（培養的蘭花盛開了），可以是驚喜的事（小孩開始學走路）。每週定時記錄一次（例如星期日晚間），保持一種新鮮的感覺，內容愈常更換愈好。

習作二

在我們的人生歷程裏，總會遇上一些值得我們欣賞和尊敬的人，他們可能直接幫助過你，或是送上金石良言，或默默在背後支持你。誰是你最想感謝的人？請珍惜與他們相聚的機會，送上感謝和關心，試想想你可以怎樣表達對他們的心意？

快樂小提示

當你覺得感恩，可以向人施恩作為回報！

請翻到〈助人為快樂之本〉(頁 168)

2 過去：回味無窮

最外顯的快樂顯明之時，正是我們將它在內心轉化、回味之時。

Rainer Rilke，詩人

享受陽光與海灘

品嚐是欣賞和享受當前的時刻。

記得多年前到赤柱海灘游泳，我站在海邊，用整個人的五官，將這個舒暢的感覺記下：我享受美麗的風光，我的皮膚感覺到溫暖的陽光；海風吹到我臉上，我深深吸一口海風空氣。聽着海浪的聲音和海鳥的鳴叫，感受腳下的海沙。我品味着，不想離開，將那美妙的時刻印進腦海裏。日後在忙碌緊張的生活，我可以從記憶抽取這美好的時光再品味一番。

最近到商業機構主持壓力管理工作坊，傳統減壓的方法很多，包括肌肉鬆弛的運動、深呼吸、改變對壓力來源的負面看法等。有一個減壓的方法與回味相關，名叫意象鬆弛法。這方法教當事人合上眼，留心自己的呼吸，當呼吸均衡及舒暢後，可以來一趟幻想旅程。這習作是透過想像力，創造一個令自己身心舒暢的旅程，例如我上面描寫的，在陽光溫和、微風輕拂的沙灘，躺在微暖的細沙上，享受海風吹到皮膚上的舒暢感覺。

若我們過去曾經有過一些感到快樂的經驗，也可以透過在腦海中回味來重新感受快樂。

回味帶來快樂

一個網上流傳的故事很感動我，故事的主人翁是一名九十二歲的老伯伯，他的太太剛去世，要住進老人院去。在未進到自己的新房間之前，他已宣稱自己會非常喜歡那房間，一位小孩子聽見感到十分詫異。之後，老伯伯分享了兩個快樂的祕訣，他說：「我們活着的每一天都是上帝的恩賜，只要我還能睜開眼睛，我都要專心於這新的一天，並想着我這一天快樂的時光。」他還打了一個比喻：「老年好比銀行的帳戶，你下半輩子提取出來的快樂，都是你上半輩子存進去的。」這位老人家掌握了兩樣快樂的祕訣，就是感恩和回味。

這位老人家快樂的源頭，是他上輩子儲起的快樂回憶，現在隨時提取出來品味。能夠回味的生活，祕訣是我們要曉得活在當下，將當下的快樂時光如照相一般「印存腦海中」，像父母翻閱兒女成長相片的滋味，這就是透過回味得到快樂。

重溫快樂的能力

如果一些快樂的事發生在你身上，你可能會讓它輕易流走，沒能力好好記取這快樂的體驗。研究回味的權威 Fred Bryant（2003），設計了一份「回味信念問卷」（Savouring Beliefs Inventory），其中一個研究向度是調查我們有否重溫快樂、享受回味的好處的能力（reminiscing）。整份問卷有 24 題，其中有關重溫快樂的能力的問題包括：

1. 我喜歡將有趣的事記下，可以日後回味。
2. 透過回憶過去的事能令我感覺良好。
3. 我享受回望一些過去的快樂時刻。
4. 我很容易從愉快的回憶中，重新燃點快樂。

這四道簡單的問題，為我們描述了能透過回味得到快樂的過程。首先，我們要習慣將快樂的事記下；第二，我們的回憶能否給我們快樂，不單取決於我們能否專注於那些快樂回憶的細節，將它像錄影帶般在腦海中重播回味；也取決於我們有否清理一些未了結的帳，這些未清理的不快樂未了帳，會與我們快樂的回憶競賽，看誰先佔據我們的意識。第三，我想不同的人在尋找快樂的時候都有自己的偏好，有一些人較喜歡從人際互動中得到快樂，有一些喜歡享受身體即時的快感，另一種選取是享受回憶中的快樂。最後，也要看我們是否容易將回憶的事件轉化成當下的快樂，即是重燃快樂。

加強回味的方法

當我們了解到重溫快樂的能力的一些先決條件後，我們不如看看透過回味得到快樂的具體方法及例子。

1. 與朋友分享

Those were the days 是一首經典金曲，最適合舊朋友重聚時同唱。香港人有不少飯局，都是與朋友重聚，這可能因為香港人過去出現的移民潮，很多移民的朋友都喜歡回港探親。重聚的時候，總少不免回想當年。我們在過去某一個共同的時空下相遇，有不少歡樂的時刻，當細數這些經歷，朋友間的趣事，一起懷舊，也是賞心樂事。

2. 用影像將記憶留存腦海

我的太太不喜歡用數碼相機攝影，因為太過不經意就將景色拍下，不喜歡又可以隨時刪除。這只是到此一遊，將景色拍下，沒有駐足靜觀。其實我們大可以用眼將影像與記憶留存腦海，日後才能從記憶中，取出來回味一番。

3. 自我慶祝，為快樂經驗而自豪

每逢完成一個大型的工作計劃，例如寫好一本教科書，教完一個密集課程，剛完成的那一刻感到十分滿足，我們可以請家人或朋友吃一餐豐富的晚餐作慶祝，或買一份小禮物給自己作獎勵。這樣，回味的經驗便得到強化。

4. 將感觀集中在那帶來快樂的事物上

這與活在當下的心態有關，在那些快樂的經歷當中，我們不妨讓自己的五官一同發動起來，全情投入那快樂的經驗中。例如，一次與朋友共聚的時候，享受彼此分享的同時，留意自己的心情、細心觀察周圍的環境，當要再回味這經驗時，就可以較立體地將整個經驗重現。

5. 完全沉醉在快樂的經驗中

説來有一些矛盾，完全沉醉在快樂的經驗中是一種非常集中的狀態，你可能忘記身邊其他事物，有點像忘我的狀態一

樣。但快樂至沉醉的情況沒有局限，美景當前，你可以忘掉身邊的人與事，只沉醉在景色中。

整理舊相簿與舊地重遊

認識幾位女士，都有整理相簿的習慣，她們會用大相簿來整理舊相。縱然現今流行數碼照，她們都要曬成硬照，將照片按事情的時序排列，在相簿空白的地方，寫下一些描寫當時情景的短語。她們可以花上幾個小時來整理也不覺疲累，我想主要原因是整理是一個重溫當時歡愉的時候，所以整理的過程已經是一個快樂的經驗。

另外，舊地重遊也是一個回味的方法。最近到般含道一所教會主領講座，教會對面就是我中學的母校，聚會前後我細看母校的轉變，也刻意留心看自己上過課的班房，不少中學時快樂的回憶就浮現。人的記憶很奇妙，重遊舊地時，是觸景生情吧，那些平時不會想起的事情，都會被召喚出來。有一位男士，與太太結婚前，一起重溫他成長經過的地方。他認為這些是他生命重要的地方，當中盛載了童年的快樂時光，他樂意與太太分享。

在一個公開的講座中，我講述過回味的快樂後，邀請在座的參加者，分享他們的快樂祕訣。有一位女士分享，她已經有孫兒，長得十分似自己的兒子；將孫兒抱在懷中，讓她重溫為人母親的情景，如今自己的兒子也有了兒子，生命真是奇妙，她能不時透過孫兒回味自己多年前初為人母的樂趣。一代過去，另一代到來。這位開心的嫲嫲，看她分享時的神態，我相信她有一個快樂的過去，可以不時回味令心情舒暢。

回味的鼓舞作用

回味除了能帶來快樂，亦有鼓舞作用。有一位女士分享，她的工作場所有一位很難相處的老闆；但因她學歷不高，不易轉工，便下定決心要發奮，工餘進修學位課程。那段日子，除了上班就是一週五晚上學。當中的忙碌和疲累非一般人能了解。最終她完成了學業，那種苦盡甘來的快樂非筆默能形容。日後在工作中遇到什麼困難，或一些不容易面對的人事問題，她都會回想這個經歷，給她不放棄和積極面對問題的能力。

增進快樂習作

習作一

找機會讓自己平靜下來，細意留心身邊人和事，以我們的感官去感覺生活上的一點一滴，例如大自然的美、食物的味道、人與人之間的情感交流等，好讓自己感受那份上天的恩賜，叫我們享受知足的真諦。

習作二

將快樂時光如照相一般「印存腦海中」，在不快樂時翻出來回味。

習作三

選擇一些活動，平日你會因匆忙的緣故，沒有好好細味的，例如，進食、洗澡等，嘗試慢慢經驗它。當這活動完結後，寫下你今次與平常匆忙下進行的，有什麼不同？你今次對這活動的感受與以往有什麼差別？

快樂 *小提示*

最值得回味的是與好友在一起！

請翻到〈滿足的關係〉（頁 136）

3 現在：樂而忘返

真正獲得快樂的途徑是愛我們的工作，並從中找到快感。

Francoise de Motteville，作家

三樣能令我忘我的工作

人到中年，我從青少年機構的輔導總監轉職到神學院教書。薪酬雖然減少了，但人卻比以前快樂，因為神學院的工作讓我發揮自己的強項，當我投入工作的時候，我就進入了忘我的狀態。

我在轉工之前，作了一個自我檢視，找到自己在人生下半場最想扮演的三個角色：輔導員、作家和老師或訓練員。

輔導工作能令我進入忘我的狀態。每一個人都十分獨特，受助者的問題往往由多種因素交錯而成，我像一個好奇的偵探，不斷去探究、找線索，有時亦像一個教練，細心引導當事人學習一些新的生活、人際的技巧。這個過程十分具挑戰性，在一來一往的互動對話中，一節五十分鐘的輔導很快就過去，這是令我忘我的工作之一。

另外，寫作也有同樣的功效，當一個課題吸引了我，我便會四處尋索相關的資料，不論是書籍、雜誌、專業期刊也不放過，直至資料齊全，便開始一個創作的過程，讓讀過的資料在腦中慢慢串連起來；然後便提筆將它傾瀉出來，整個過程我像着了迷一般，將雜務拋諸腦後，全情投入寫作。

第三樣令我進入忘我狀態的是教書，我看自己並不是掌握所有知識的老師，我也是一個尋索知識的人。在教學中，我喜歡以小組討論進行，課題是小組的中心，我只是參與討論的其中一位成員。我開始了一些話題的引子，就讓同學自由討論發揮。那課題就像有生命一般，它可能將我們帶到一處沒想過會去的地方，同學也會反過來成為我的老師，我亦從中有新的學習。在這個教學相長、一起探索的過程，時間飛逝，轉眼又要下課了，這是我在教學時樂而忘返的原因。

知道我轉工的朋友，也發現我比以前明顯開心了，我想是我有較多能進入忘我的工作時間吧！

忘我的心理現象

忘我（Flow）由正向心理學家 Mihaly Csikszentmihalyi 提出，指人完全沉浸在他投身的活動的心理狀態，充分參與其中，感到充滿活力和聚焦，並得到成功感的過程。這一概念已被廣泛引用在職業的領域裏。

Mihaly Csikszentmihalyi 提出七項進入忘我的條件：

1. 當前的任務具挑戰性；
2. 我們能集中精神；
3. 有明確清楚的目標；
4. 能取得即時的回應；
5. 可以深入而不花氣力地參與；
6. 我們有充分的掌握；
7. 時間像停下來一樣。

你若細心分析這些忘我的條件，不難發現這與一些你參與的任務有關。怎樣可以進入忘我的境地？當我們可以運用自己的強項時，忘我會較容易出現。

個人強項與忘我的關係

雖然每個人都有強項，但我們常常專注於自己的弱點。專注於強項是一個相對較新的概念，你可能沒有聽説過。傳統來説，我們會試圖找出並解決自己的弱點和問題。雖然這是令人欽佩的嘗試，但其實我們能改進的地方不太多，如果你花太多時間致力於改善你的弱點，這實際上可能是徒勞的。研究説明，使用你的個人強項，可以增進你的健康、幸福和成功感。

正向心理學的研究發現，集中你的精力發揮強項比改善弱點更有成效。這不是説你不應該設法改善你的弱點，只是大部分的精力，應該用在改進你的強項上。

Csikszentmihalyi 認為，當人進到忘我狀態，是他最滿足和快樂的時候；我相信能運用個人的強項，是我們最容易進入忘我狀態的時候。假設某任務不是你能力所在，總要花很大氣力去掌握和改善自己的技巧；但對於是強項所在的人來説，他可以向當前任務的難度挑戰，忘我就在這過程中衍生。另外，能夠將自己的潛質發揮得淋漓盡致，也是令人心花怒放的事。

你怎麼知道你的強項？

以下建議可以幫你找出自己的強項：

1. **與你信任的人傾談**，對了解你的強項可能會有幫助。你的家人、朋友、老師或輔導員可能已經注意到一些你自己都不知道的強項。
2. **哪些領域是人們經常稱讚你的？**嘗試思考這些東西是什麼，這可能意味着這是你的強項所在。
3. **哪些方面你最感到自豪？**這可能是你的強處所在。
4. **什麼技能你很容易學到？**它很大機會是你的強項。
5. **什麼時候你感到最能活出自己？**這可能讓你了解你所擅長的，和什麼使你快樂。

好奇心幫助我們進入忘我

Martin Seligman 在 Authentic Happiness（「真正的快

樂」）的網站 www.authentichappiness.org 有一個強項調查。Seligman 提出 24 項強項中，有五項與快樂有緊密的聯繫：

1. 感恩
2. 樂觀
3. 熱情和能量
4. 好奇心
5. 愛與被愛的能力

我曾參加一個以正向心理為主題的研討會，認識香港大學研究正向心理的小組。他們探討了一些個人的強項與快樂和抑鬱的關係，發現快樂和抑鬱雖然看似相關，但減少抑鬱未必能同時帶來快樂，可能只是將人從負向的情緒，轉向中性的情緒；而快樂卻是由中性情緒，轉向正向的情緒。所以，一些能減少抑鬱的強項未必能帶來快樂。例如，研究發現盼望感強的人，比較少出現抑鬱。但真正能帶來快樂的強項，卻是好奇感，它會帶動我們對事物的興趣，為我們探索的過程帶來樂趣。

根據正向心理學家 Kashdan、Rose 及 Fincham（2004）的研究，好奇心帶來快樂和成長的過程包括四個步驟：

1. 好奇心使我們對新鮮和挑戰性的資訊，提高興趣和積極閱覽；
2. 對這些令自己滿足的資訊作全面的探究；
3. 忘我般投入於這些令自己滿足的資訊；
4. 將這些新的經驗與自己的生活整合，增加了新的知識和技巧，達致個人成長。

筆者在研究正向心理學時，也經歷了類似的過程。我購買了大量與正向心理學有關的書籍，上網瀏覽有關網頁、細心鑽研一些新鮮的領域等。作為一個曾受傳統心理輔導訓練的人，正向心理學給我新的輔導策略，我會先行應用在個人生活上，看是否有效；然後再嘗試應用在接觸到的受助者身上，得了初步的成效，就希望整理自己的心得與人分享。讀者手上這本書，正是我好奇心的成果，也曾引領我進入忘我探索的過程。

今日工作世界的轉變很大很快，我們要不斷適應新的挑戰，一個對事物有好奇心的人比較有利，他可以透過探索的過程，來增進自己的知識和技巧，或作為自我增值的方法吧。不過，這個想法比較功利，從快樂的角度來看，面對工作上的新挑戰，若能以好奇心作起點，繼而進入忘我的工作快樂，豈不是更有意思嗎？

在工作中找到忘我的經驗

分辨工作狂（workaholic）與工作投入甚至忘我的人，是工作狂有一種不工作就不安的驅策力，工作時並不享受工作。工作佔據我們不少時間，若能在工作間經常出現忘我的情況，在所勞碌的事上快樂，豈不是更理想嗎？當然能找到一份稱心而又能助你進入忘我狀態的工作，談何容易。但在你能作出選擇的範圍內，你可以考慮跟隨以下步驟進入忘我的狀態。

網上有一篇名為 "9 steps to achieving Flow（and Happiness）in your work" 的文章，我覺得作者的提議相當實際，筆者用自己的文字，將這九個步驟簡單與讀者分享。

（資料來源：http://zenhabits.net/2008/06/guide-to-achieving-flow-and-happiness-in-your-work/）

1. 選擇你喜愛的工作

假若現時的工作充塞着一些你嫌惡的事務，你可得認真考慮是否要找一份自己有熱誠的工作。縱然，短期未能轉工，你或可嘗試在眾多的事務中，積極找一些你感興趣的來參與。

2. **選擇一個重要的任務**

假若面前有兩種任務，一種是容易而次要的，另一種對你的事業有長遠意義的，請選擇後者，它比較值得你全神貫注。

3. **肯定這任務具有挑戰性**

要選一些具挑戰性但不至於太難的任務。如果任務太難，你可能力有不逮，就會感到沮喪。若任務要花你太多時間來學習一些新的知識和技巧，你就不容易進入忘我的狀態。

4. **尋找你感到安靜而高效能的時刻**

假若你選擇的任務需要你專心進行，最好找一處安靜的地方，或者一個安靜的時段，例如比同事早一點上班，你可以在無人干擾的情況下工作。另外，每個人的最佳工作時段都有分別。我認識一位學生，晚上十時後，她的大腦就拒絕運作，所以她寧願早一點睡覺，半夜再起牀溫書做功課，她果然能進入忘我的工作狀況。

5. **驅除任何騷擾**

現代人身邊太多電子產品，本來可幫助我們有效工作，但事與願違，那些電話鈴聲、不斷跳出來的電子郵件，還有一些不必要的聲音，都會令我們不能進入忘我的狀態。將一切通訊的電子產品關掉，清理好自己的桌面，減去不必要的騷擾，我們才容易進入忘我的狀態。

6. 學習專注於當前任務中，愈長愈好

當自己進入這種忘我的狀況，就專心一意投入，不要試圖轉移到另外一些不相關的任務上，因為轉換任務需要花費相當的氣力和時間，忘我的狀況就會失去。

7. 盡情享受

能進入忘我的狀態，將自己傾注在一些令你滿足的任務中，是一個感受很好的經歷，讓自己樂在其中，享受過程中給你那些快樂的感覺；例如，以攝影為任務的人，可以享受自己捕捉到的鏡頭下的美感；以教學為任務的人，可以享受與學生一同發現新知的互動經歷。

8. 不斷操練

以上各個步驟都須要我們反復練習，當在某一步驟中遇到困難，試找出困難的成因，努力解決問題，之後再嘗試，直到你能夠成功進入忘我的狀態為止。

9. 收成

當你能進入忘我的狀態而又完成這些你認為重要的事務，你不單是有所成就，你還享受到一個快樂的感受，這正面的感受，能帶動你辦事更有幹勁，這是你最大的收穫呢！

本章雖然用較多篇幅談工作上的忘我，不過忘我並不局限於工作之內。可能你在工作中沒有以上的選擇權，那就試在你工餘的興趣當中應用以上步驟。很多人在工作中找不到樂趣，會發展一些個人的興趣，例如，畫畫、夾 band、跳舞等，這些興趣都能引領我們進入忘我的狀態。

快樂小提示

要定立發揮強項的人生目標！

請翻到〈標竿人生〉（頁 104）

增進快樂習作

習作一：發揮自己的長處

如果你知道自己的長處所在，你可考慮如何更多運用它們。你可以用一本「強項日記」，記錄你每週的活動，策劃怎樣提高你的強項。然後嘗試每星期至少做一個與你強項有關的活動，相信這有助你進入忘我的狀況。

習作二：訓練你的好奇心

培養好奇心要先建立一些對事物的態度，包括：

1. 開放的心；
2. 不要對事物有理所當然的看法而停止對它的探究；
3. 嘗試多問「為何」，了解事物背後的玄機；
4. 不要太快定論某些事物為沉悶，否則你不會對它感興趣；
5. 視學習為一種樂趣；
6. 廣泛閱讀不同種類的資訊。

互聯網是一個發掘知識的平台，試從網上的搜尋器中，搜尋與本書相關的快樂習慣，例如：回味、感恩、忘我等。用你找到的知識比對我所寫的，有沒有什麼新發現。

4 現在：樂在當下

快樂就是充實地過這一刻。

Ralph Waldo Emerson，思想家、文學家

靜看兩片葉子

人可以游走於時間走廊，走回過去、現在與將來。原本是一件好事，在三個狀態中，原來我們最難是活在當下。我工作的神學院，每年都安排靜修營會，連續四天在天主教的靜修院守靜。除了一些集體聚會外，所有時間都不准說話，這安排對忙碌的香港人是個挑戰，什麼都不做，沒有手提電話、沒有電腦，只得獨個兒面對自己。在靜修院期間，連吃飯也不准作聲、要將食物慢慢細嚼，這樣，單調的菜湯都品嚐到香味，細嚼的飯也帶着甜味。

其中一種操練是默觀大自然，當我活在當下，用五觀去感受大自然的一草一木，體會到原來大自然有很多細節是我們平日沒有觀察到的，我對葉子有過這樣的默觀。

我放下理性的分析，用視、聽、嗅、觸覺去欣賞這大自然的植物。

我興致勃勃走過一棵樹，摘了樹上一片葉，又拾了地上一片葉作比較。兩塊葉的形狀大致相同，但用感官去細味則高下立見。

剛從樹上摘下來的葉是青綠色的、葉身有光澤，也十分柔軟；用鼻去嗅，嗅到一種草青的味道，導師更聲言，嗅一片葉的味道，便能分辨那棵是結什麼果子的樹，真奇妙。

反觀那片從地上拾起的葉子，顏色已變黃，葉身再沒有光澤，而且變得僵硬，再嗅不到生命的氣息。

那兩片葉子對我們說些什麼，可說是一種「有我之境」的主觀投射，於是我用自己心靈的處境去看事物。

它們給了我不少生命反思。首先，人到中年，生命容易像落在地上的葉子一樣，失去心中的柔軟、生命力的光澤；我們要生命常青，就必須與生命的根源緊接。中年是一個靈命需要更新的階段，否則我們的生命便萎縮。這也是心理學家 Erikson 所謂生命不「創生」（generativity）就會停滯（stagnant）的意思。

另一個似乎相關的啟示，是生命有四季之分，葉子在秋天不落下來，就不會在春天長出青綠的新葉。中年人累積了多年的經驗，有時對人生有不少執著，不容易學習放手；但不放手卻不能有空間迎接新的事物，去「舊」迎「新」是生命的循環，中年人要有去「舊」的勇氣，生命才會常新。

這種活在當下的境界竟能帶出這麼多對人生的反省，這經歷給我不少歡愉的感受。

禮物就是現在！

其實能享受生活並不簡單，香港生活節奏急速，很多時候我們都不能慢下來，品嚐一杯香濃咖啡、與朋友暢談。我們生活在此刻，總是人在心不在，不是為過去懊悔，就是為將來憂慮。在負面的過去打滾的人，都受一些情緒如後悔、罪疚感困擾，甚至強迫性地、無法停下來不去想着自己的不快；另一些人卻先天下之憂而憂，不過並非未雨綢繆計劃將來，而是為未必會發生的事，設想一些不利自己的事情會到臨，將自己拋進一種強烈的焦慮情緒之中。個人未能對當前的事好好體驗和享受，甚至影響工作，不能全神貫注享受工作。

一本由 Spencer Johnson 寫的小書 *Present：The Secret to Enjoying Your Work And Life Now !*（中文書名：《禮物》）傳遞「享受現在」這個重要的信息，現在（present）就是一份生命的禮物（present）。書中寫道：

禮物　不是過去　也不是未來。

禮物　就是現在這一刻！

禮物　就是現在！

Spencer Johnson 的論點是一切要回歸到現在去。當人從過去的經歷學到功課後，就要於現在應用出來；同樣，不要為未來憂慮，當對未來有美好的憧憬，從現在就要將憧憬實踐出來。Spencer Johnson 書中有很多精彩的句子，現按「禮物」的三個要素依次序與你分享。

1. 把握現在

當你全心投入在你正在做的事上，要好好地享受生活，不要胡思亂想，你才會更快樂、更有活力。這種專注和專心一致會帶領你到達成功的境界。你愈是專注在「好的事」上面，你今天就會愈有戰鬥力，也會變得更成功。愈是在不好的事上鑽牛角尖，你就會變得愈來愈缺乏活力和自信。把握現在，不要分心，專注在此時此刻、重要的事上面。

2. 向過去學習

忘掉過去，的確很難，你無法改變過去，但你可以從中學習。一旦你懂得從過去學習、懂得放開過去，你便可以改善現況。所以現在就要從過去的錯誤經驗學到東西。如果你在過去已經做得相當不錯，試着了解原因，作為你未來成功的基礎。仔細審視你對過去事件的感覺，從中學到一些寶貴的經驗。善用學到的東西，來享受今天的工作和生活。

3. 設法創造未來

沒有人可以預測未來，也沒有人可以控制未來。不應該讓未來令你在擔心和焦慮中迷失，要設法創造未來。你愈清楚去想像你所期望的未來，好好地去計劃它，現在做些事去將它實現，那你對將來的焦慮就會愈少，對未來就會愈能了解。不管是工作或生活，我們的夢想和目標總不如預期，最常見的原因是：缺乏想像、計劃和實現。就從今天開始，描繪美好未來的樣貌。制定實際的計劃，付諸行動讓美夢成真。

你也許可以把「禮物」的三個要素視為支撐一台昂貴攝影機的三腳架，要讓這三支腳架達到完美的平衡效果：便當把握現在、向過去學習、設法創造未來。

對於 Spencer Johnson 來説，過去和將來都要立足現在，否則過去便變成不設實際的緬懷，未來變成幻想的象牙塔。他強調的不無理由，以本書有關快樂的習慣為例，上文對過去的感恩和回味，對我們當下的情緒會有正面的作用；下文的樂觀感與標竿人生，都是為幫助我們積極面對當前生活的。

活在當下與 Mindfulness

最近有機會接觸一些新的輔導方式，是透過冥想默觀的方法，幫人擺脱思想的煩擾，研究發現這種方法對治療抑鬱很有成效。不少時候，抑鬱是源於我們負面的思想，這些負面思想重複出現，令人跌進情緒的幽谷。過去，認知治療的方法是找出這些負面的思想，然後作出分析，找出它不合現實、不合邏輯的地方，也是公認治療抑鬱的有效方法；但它的限制是過程中會使不少抑鬱的人重新想起一些不如意的事，再次跌進情緒的幽谷之中。Mindfulness 的訓練，據稱更有效預防抑鬱症復發。它採取的進路不是要驅除這些思想，而是接受它是我們內心活動的一部分，欣然與它共存。視這些負面思想為一片片落入河流的葉子，讓它自然地隨流而去。思想只是思想，它大部分時間與事實無關。那就接受它存在於你思想之流，注意到它出現，不用抗拒它，向它打個招呼後，就讓它流逝。或許，之後它會再出現，就隨它吧。受助者學習留心自己的呼吸，它是一種幫助拋掉負面思想的最佳方法。我們也可以視這些思想，為一輛駕車時的對頭車，它出現片時就擦身而去，這種操練將我們的思想與事實和所帶來的相關情緒分開，讓當事人不會沉溺於自己的負面思想而不能自拔。

Mindfulness 的訓練，對一些有默想操練的人並不困難，但初學者則要以小組方式進行學習。例如，其中一個很好的 Mindfulness 習作是跟身體每一部分打招呼，例如從頭頂開始到身體不同位置，將自己的意識放在身體的那位置上，感受一下那位置的緊張或鬆弛的狀態如何。當專注身體的狀況時，我們就有一種全然臨在的感受，稱為 presence，是充分的活在當下。這樣，一些纏繞我們的負面思想，就會因我們全然活在當下而不再影響我們。這是專注力的競賽，我們專注於身體的狀況，其他思想就要讓位。

所以能進入 Mindfulness 狀態的人，可以説是能活在當下的人，因為 Mindfulness 的狀況是叫人的五官，都進入高度醒覺的狀態，可以全心全意留心自己每分每秒的變化。一個幫助自己活在當下，人在心在的方法，就是操練自己容易進入

Mindfulness 的狀態。

Mindfulness 如何驅走不快思想的纏繞

Mindfulness 是一種自覺，當我們有意識、不帶任何批判的，就在此時此刻，留意面前的事物，關注事物原本的真貌，由此引發出來的。它是驅走不快思想纏繞（rumination）的良方，我們可以從以下三方面比較得知。

1. **Mindfulness 是一種有意識的行動。**它讓我們對當下的境況有更多選擇，反之，思想的纏繞像按鈕般，一經啟動，我們就跌入一種自動化的思想之中，很多時會缺乏自覺，迷失在自己的思想當中。

2. **Mindfulness 給予一種此時此刻的經驗。**而思想的纏繞多數與當下無關的，大多數的思想是從過去的懊悔或對將來的憂慮所引致的。

3. **Mindfulness 是不帶批判性的。**讓我們接受當下任何情景，它是怎樣就讓它怎樣。但思想的纏繞是有好壞、有對錯判斷的，對自己過分批判是叫自己感到不夠好的原因，經常要強迫自己改進，成為我們不快的來源。

對於快樂與不快，Mindfulness 有一個很不一樣的進路。這方法指向一種不同的思想，就是：當我們停止強迫自己快樂，快樂會更自由自然地浮現；當我們停止抗拒那些不快的感受，我們會發現它會自然地溜走，像一片掉到河裏的葉子。至於 Mindfulness 是如何進行，讀者可參考本章兩個 Mindfulness 的習作。

成為一個時間上富足的人

我發覺香港人是不曉得停下來的，他們會拚命賺錢，希望成為富足的人，但思想的空間卻貧乏無比。雖然 Mindfulness 是一個不容易翻譯的理念，若直接翻譯，可以是指思想（mind）或精神上的飽足或豐滿（fullness）。一個時間上貧窮的人很難進入精神上的豐滿狀況。我們常說時間就是金錢，不如先將時間和金錢作一比較。

時間和金錢有很多共通的地方，它們都是有限的資源，它們相關的用語也相若，花錢與花時間，省錢與省時，儲錢與儲時間等。我們會分辨哪些是有錢人及窮人，同樣，不同的人都有時間上貧窮與富足之別。你是一個時間上貧窮抑或富足的人呢？試看以下兩種描寫，哪一欄較貼近你的情況。

何謂時間上的富與窮

時間上的富足	時間上的貧窮
我有很多空閒時間	我的生活十分匆忙
我有足夠時間做我須要做的事	我經常從一處地方走到另一處地方
我的生活可以很悠閒	一日的時間太少
我有時間做我認為重要的事情	我感到事情真太多

研究證實，金錢富足不能帶來快樂。但時間上的富足（time affluence）卻是通往快樂的途徑。根據之前談過的快樂方程式，我們有四成的快樂來自自由選擇的活動。既然是活動，就需要時間去經歷和參與。例如，我們若花時間在一些成長的探索、與親友交誼和聯繫、及社區的事務參與等，這些活動都能帶給我們快樂，我們若缺乏時間不能參與，就減少了令自己快樂的機會。反過來說，時間上貧窮的人，他們的思想負荷太重，使他們不能活在當下和進入忘我的狀況。

時間的富足如何帶給你快樂呢？正向心理學家找出兩個中介因素（Kasser & Sheldon, 2009），包括需要得到滿足和Mindfulness。時間富足的人，比較少感到被騷擾，或受過去的悔疚及將來的憂慮所困，他們會較容易體驗 Mindfulness 的狀況。此外，時間富足的人有較多自主和效能感，他們也有時間參與一些令他們成長的活動、與親友交誼等，能滿足這些活動需要的人是一個快樂的人。

時間富足與快樂的關係

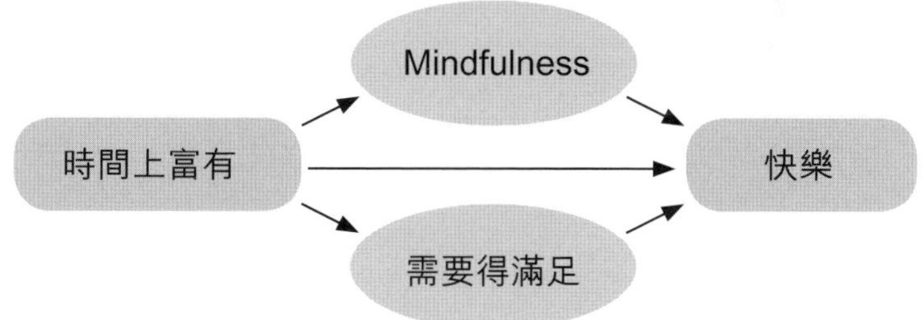

時間上富足的人最快樂

正如筆者以時間走廊作為快樂的主要向度，試重溫我們談過的。當我們作時間上富足的人，就可以從過去中回味和感恩；也可以為自己安排一些能忘我的任務，從中得到快樂。本章的 Mindfulness 操練，也是要心靈有空間才能夠進行的呢！

所以，回應 Spencer Johnson 的說法，時間上富足的人，對自己時間的運用有充分的自主能力；他可以選擇從當下的意識世界，回到過去回味與感恩，達致當下的快樂；而不是不由自主地受過去的負面思想所侵擾，自怨自艾，不能作出對抗或其他選擇。時間上富足的人也可以專注在當下身體感觀的世界，享受當下的快樂。

總結來説，時間上富足的人較容易活在當下，較能進入 Mindfulness 的狀況，從而自主地選擇一些滿足自己需要的方式，最終達致快樂。

增進快樂習作

習作一

嘗試盡情去品嚐一顆士多啤梨（taste of Mindfulness）：

- 用拇指和食指拿起一粒士多啤梨。
- 想像你來自外星，從未見過士多啤梨。
- 花時間認真全神貫注的望着它。
- 讓你的眼睛探索它每一部分。
- 閉上雙眼，用手的觸覺去感受士多啤梨的質感。
- 用鼻吸取它的味道，將它深深的吸進氣管內。將它慢慢送到你的嘴唇，將它放進口內，不要立即咀嚼它。
- 用舌頭先嚐嚐它給你的感覺。
- 有意識地慢慢咬它一下、感受它的汁液流出，它的味道如何。繼續輕輕咀嚼它，留意它在你口內的變化。
- 當你享受過它的汁液和味道，慢慢將它吞進食道。
- 最後，留心它進入你胃內的感覺。

完成這盡情去吃的經歷後，你試感受身體的整體反應如何。

習作二

三分鐘的呼吸空間

1. 意識（awareness）

採用直立的姿態，使自己有意識地進入當前的時刻。如果可能的話，請閉上眼睛。然後問：

「什麼是我現在的經驗，現在的想法……感情和身體的感覺？」

承認並確認你的經驗，即使你未必歡迎這些經驗。

2. 聚合（gathering）

然後，重定你的專注，專心注意自己的呼吸，每個吸入（inbreath），然後是接着每個呼出（outbreath），一個接一個。

你的呼吸能夠成為一個鐵錨，使你感到自己臨在當下，幫助你調整到一個自覺和寂靜的狀態。

3. **擴充**（expanding）

在你呼吸的過程中，展開你自覺的領域，直到它包含一種意識，意識到你的姿勢、面部表情，你的身體成為一個整體。

這呼吸的操練能幫助你離開平日呼吸那種「自動駕駛」的模式，重新與當前當下結連，擴充自己的意識感。

關鍵是使用三分鐘的呼吸空間來讓你感到臨在此時此刻。

快樂小提示

樂在當下讓你樂而忘返！

請翻到〈樂而忘返〉（頁 58）

5 將來：樂觀感

悲觀主義者在每個機會中看到困難，樂觀主義者在每個困難中看到機會。

Sir Winston Churchill，政治家

當一扇快樂的門關上，另一扇門會開啟；但很多時候，我們凝視這關了的門太久，以致看不到那扇為我們開啟的門。

Helen Keller，作家

樂觀看金融海嘯下投資的損失

這次金融海嘯令不少人的資產蒸發了一大部分，作為一個投資初哥，我也不例外，自己的投資雖然不是投機，但金融海嘯的摧毀，無人倖免。望着自己投資戶口的帳單，不禁令人心痛。不過在一次心靈講座上，聽到一個「痛而不苦」的說法，覺得相當有啟發性。損失一定帶來肉痛的感覺，但我卻可以選擇不讓自己苦澀下去。

我學習用樂觀的態度來看待這次金錢上的損失，首先，我將金錢視為個人財富的其中一種，我擁有的財富有很多種，包括：金錢、健康、人際網絡、知識、心靈等。損失金錢只是我眾多財富的其中一小部分，我仍然有健康可以工作、我有一個和諧的家可享天倫之樂、我有信仰作我心靈的慰藉，我仍然擁有的，比我失去的不知多多少倍。我這個發現，使心情快樂多了。

另外，今次的金融海嘯來得鋪天蓋地，只要你有投資股票，大概都會有或多或少的損失。既然不是我孤單面對，我也不應將責任全歸自己頭上，當我對責任誰屬看得合乎中道，就少了怪責自己的負面情緒。

香港人這十多年間，經歷了不少經濟危機，包括九七的金融風暴、SARS 期間的經濟低迷，這些日子終歸會過去。SARS 經過四年左右經濟就復蘇，雖然今次金融海嘯的影響深遠，但我仍然相信不多年後，經濟會好起來，我不用看這低迷的日子會一生一世那麼長久、揮之不去。我大可以想像現在未能及時賣出、貶了值的股票，是放在銀行做了一個很長的定期，幾年後定期到期的時候，我的資產應該比現在多一些，我不用太花精神去看守着一份定期的儲蓄吧！

當我不忙着怪責自己和為損失懊悔，我就有更多心靈空間為自己的將來設想，積極解決面前的問題。

什麼是樂觀感

曾經有人這樣描寫樂觀感：

樂觀，是走向成功必不可少的一種品質；

樂觀，能以幽默的眼光看待不愉快的事情，以輕輕一笑緩和痛苦，甚至以不幸中的萬幸聊以自慰；

樂觀，能在困難中看到光明，在逆境中找到出路，儘快走出陰霾，鑄就輝煌；

樂觀，能發揮自己的強項，激勵自己的熱情，開發自己的潛能；

樂觀，能吸引和感染周圍的人，爭取他們的理解、支援與幫助，這就是樂觀的力量；

樂觀，既是一種心態、一種情緒，更是一種素質、一種智慧。

你贊成這些對樂觀感的描寫嗎？既然它如此寶貴，應該人人都擁有它吧！不如我們來一個簡單的測試。

半杯水的測試

如果你在沙漠中快渴死了！好不容易上帝給你一杯滿滿的水，你不小心手一軟，杯子掉下去，撿起來，只剩半杯水，你會怎麼辦？

「啊！感謝上帝啊！我還有半杯水！」

同樣是半杯水，絕望的人總是看見失去的部分，樂觀的人永遠感恩所擁有的。

在好壞參半的情況下，選擇看好的一面，是快樂的人有的心態。你是一個樂觀的人嗎？

其實，半杯水的故事有不同版本，看過以下版本後，你會否更想成為一個滿足於有半杯水的人。（資料來源：blog.sina.com.cn/s/blog_4e41337901000czr.html）

很早以前，一個村子裏有兩個人，都想越過茫茫沙漠，到另一邊的綠洲去開拓新生活。他們知道沙漠中間有一座暹羅人的古堡遺址，傳説神祕的暹羅人後代，經常在那兒出沒，並且在古堡旁邊的兩條小路上，分別放着兩杯清水，專給穿越沙漠的人救命用。

一年夏天，他們在三天內先後出發了。

第一個人，當他走到古堡時，水已經喝完了，他輕而易舉找到那個水杯。但是，當他發現只有半杯水的時候，他就開始抱怨、咒詛、謾罵，恨之前走過的人怎麼喝了杯子裏的半杯水，也罵暹羅人的吝嗇。突然，一陣強風，刮起的沙粒落在水杯，當他還在抱怨水裏有沙子怎麼喝呀的時候，一陣狂風把他手中的水杯刮走了，水灑落在沙粒中。不久，他就死在沙漠。

當第二個人走到古堡時，水也喝完了，而且精疲力竭。他掙扎着找到了那個水杯。當他看到杯子裏還有半杯水的時候，立即端起水杯一飲而盡。然後他跪在地上感謝上天，感謝暹羅人的救命之恩。少頃，狂風大作，沙塵滾滾。他躲藏在古堡的殘垣斷壁下；風停了，他走出了沙漠，看到了綠洲，開始了幸福的新生活。

樂觀者在每次危難中看到機會，而悲觀的人在每個機會中都只看到危難。

一個從悲觀走向樂觀的真實故事

我認識一位神學院的女學生，她入學時我也有參與她的面試，當時覺得她有一些枯竭的表現。她之前在志願團體工作，似乎遇到很多不愉快的事，她坦然入學院是給自己一個休養生息的機會。她自認是個悲觀的人，很容易給負面思想控制，以致情緒低落或感到壓力大；當壓力來襲，她的身體就會出現濕疹，表示她承受不了壓力。最近聽她分享一個對抗自己負面思想的故事，她不滿意自己經常受負面思想所困擾，着意要選擇以正面的思想來過生活。臨近學期完結，功課壓力很大，她叫自己盡力在生活的經驗中，尋找一些愉快和正面的經歷。當負面情緒出現，她會挑戰自己，這些思想有否事實根據，當中有沒有值得感恩的事情，她也會透過禱告向上帝傾訴，讓上帝挑戰她的負面思想。她這種正向的轉變，不單令她心情好轉，臉上的笑容增多，濕疹竟沒有出現，可以說整個人都得到改善。

最近她家人有病，母親十分擔心，整個家庭籠罩在愁雲慘霧下。過去，她是相當被動的，現在她主動關心有病患的家人，亦安慰母親，鼓勵母親多從正面的方向想，與母親一起祈禱，將憂慮交託上帝。她正面的轉變也帶來家庭的祝福，為家人注入盼望。聽她的分享，令我對正向思想的力量更有信心。

從她的轉變中，我看到正向思想和樂觀感對我們有很多積極的作用，一個轉念，就改變了自己身體的毛病、甚至影響身邊的親人。

樂觀感與盼望

Seligman 是樂觀感理論的權威，他認為樂觀感有三個向度，關乎人如何理解自己的處境。例如一個人失業了，他如何理解這處境：

1. **對個人衝擊幅度的理解。**這次是一個全盤的失敗，自己變得一無是處，還是將衝擊局限於某一方面，如只是工作上出現困難，其他層面如家庭卻不受影響。
2. **責任誰屬或有關歸因的問題。**樂觀的人不會將問題只歸到自己的頭上，他會看到外在因素及個人責任交錯而成的情況，看得比較合乎中道。
3. **逆境要持續多久？**樂觀的人看困境是短暫的，很快就會過去；悲觀的人卻看困境很難解決的，自己可能還有一段很長的時間被困。

在正向心理學中與樂觀感相關的理論，就是盼望心理學（Psychology of Hope）。同一個名詞，不同的人有不同的理解，一般來説，當我們用盼望這個名詞，都是關於對前景的看法，在這個意義來説，它跟樂觀感相關，一個對前景有盼望的人是一個樂觀的人；但這些名詞放在心理學家手上，他們會為名詞釐定概念，所以，它跟我們的日常用語未必相同。

盼望心理學的專家 Synder 談盼望時，指一個人是否為自己定目標；當達到目標時遇到障礙，他會否想盡辦法去解決它；又或者要達到目標需要一段長時間努力時，他是否有那份毅力，持之以恆完成目標。所以，他對盼望的理解是與目標緊扣的。Snyder 在 *The Psychology of Hope* 一書中，提出了一道盼望公式：

盼望＝意志力＋達到目標的尋解動力

要達到目標，就需要運用我們的意志力（will power），朝着目標，面對困難也不放棄；另外，一個樂觀和有盼望的人，他會相信問題總有解決的方法，困境必有出路。所以，面對當前的困難，他會想盡方法去解決（way power）。Synder 對盼望的理念建構與筆者將要討論的標竿人生的關連較大，讀者可參考下一章〈標竿人生〉。

不過，基督徒輔導學家 E. Worthington 將公式加以修正，增加了等候的元素（wait power），它與我們所指將來的向度更接近。修正後的公式是：

盼望＝意志力＋尋解動力＋即使沒有改變的等候力

Worthington 所指的等候力，與 Seligman 的樂觀感理論建構的最後一個向度相關，就是逆境要持續多久的問題。Seligman 的看法是樂觀的人看逆境是短暫的，但我認為 Worthington 的等候力的觀念更有力。因為人生有不少處境是不容易也不是短期能逆轉的，例如，要照顧家中有長期病患的家人，即使曙光未現仍相信黑夜會過去，不放棄繼續等候，是一個對將來有盼望的人的表現。這時，宗教信仰能發揮作用，例如不少基督教的信徒，因為相信世界和自己的命運是掌握在所信的上帝手裏，他們較容易相信逆境可轉好，看似不可能的事都會發生；他們也相信自己可以在困境中得到磨練，生命更豐富；而且基督徒還有永恆的盼望，這盼望超越今生，相信將來有永遠的福樂等待着他們，這都加強了他們等候的能力。筆者也聽過不少基督徒的媽媽等候自己的兒女浪子回頭，最終願望成真的故事，這是等候的威力所在。

事實上，筆者曾研究過過渡期的觀念，與樂觀感和盼望的觀念都是相關的。人生中充滿大大小小的過渡期，例如新婚的適應、提早退休的過渡、親人去世的難過等。人生過渡期有一個特點，就是要向結束了的階段說再見，在等新的開始來臨之前，會有一個混亂難耐的階段，稱為中性區。一個樂觀和有盼望感、等候力的人，就算逗留中性區的時段漫長，他也因為知道新的開始終會到臨，就能夠在期間積極過生活。

我們的人生是由環境的順逆所組成，所謂柳暗花明又一村，希望你能培養出這份樂觀的態度，就能笑面迎向每一個人生的關口。

快樂小提示

回味過去的美好使你能憧憬未來！

請翻到〈回味無窮〉（頁 46）

增進快樂習作

習作一

人生路上，難免有不如意的事情發生，失去一些你深愛的人或物件、一個你未能如願的夢想、或給人拒絕。試回想三扇被關上的門，又找出另外三扇新開啟的門。這個習作幫助我們從過去的經驗轉眼，留意新開啟的門正在不遠的未來向我們招手，我們要懂得將視線從關上的門移開。

習作二

樂觀的宰相

一位國王與宰相在商議事情，適逢天下大雨，國王問：「宰相啊！你說下雨是好事壞事啊？」宰相說：「好事！陛下正好可微服私訪。」

又有一天，天下大旱，國王又問：「宰相啊！你說大旱是好事壞事啊？」宰相說：「好事！陛下正好可微服私訪。」

又有一天，國王吃水果時不小心切掉了小拇指，又問：「宰相啊，你說這是好事壞事啊？」宰相說：「好事！」於是，國王大怒，將宰相關入地牢，獨自去打獵了，不料誤中土人陷阱被捉。幸好因國王不是全人（缺手指），免去被吃掉的厄運。

死裏逃生的國王，回想起宰相的好，趕緊回宮將宰相從地牢裏放出來，又問宰相：「我把你關在地牢裏好不好啊？」宰相又答：「好！好極了！要不是陛下將微臣關在地牢，微臣恐怕就陪陛下打獵被捉，給土人吃掉了！」

（資料來源：http://www.storyparty.com/Story_Detail.aspx?ID=12243）

閱畢上述故事，假若你是被囚的宰相，你如何運用 Seligman 對樂觀感的三個向度來理解你當前被囚的逆境，如何在未知道將來結局的情況下仍抱樂觀的心態？

1. 對個人衝擊的幅度的理解
2. 有關責任誰屬或有關歸因的理解
3. 有關逆境要持續多久的理解

如你生命中有一些難於處理的問題，你如何效法樂觀的宰相一般，以輕省的心情來面對？

6 將來：標竿人生

能夠讓自己溶入一些偉大的事情中，這就是快樂。

Willa Cather，作家

兩位目標主導的朋友

在我的朋友圈子中，有兩位男士屬於目標主導的人。第一位是保險經理。在保險行業中，他們須要考取一些專業資格，還要入讀不斷增加的在職進修課程。我聽到大多數的人，都不大喜歡這類公開的專業試，但為保住工作又不得不參加，較少聽到有人喜歡面對這些考試。我這位朋友做事很有目標和計劃，知道了考試的日子和範圍後，他就為自己定下每週的溫書進度，什麼時候要做試題等，若能按自己的計劃應戰，他就有十足的把握能順利通過考試。他更說十分享受預備考試的過程，看到自己每日定下來的計劃，都能按時完成，他心中也添了一份自信。另外，在溫習的過程中看到自己的知識增加，也感到滿足。

另一位男士對知識的渴求十分熱切，學士畢業後，他計劃進修博士學位。他定了這個目標後，就十分專注準備，無論遇到什麼困難，都想盡方法去解決。例如他的論文督導因病提早退休，他另一位導師又不想他太早畢業，因怕少了一個研究助理幫忙；但他因着定了這個目標，就不怕艱辛，有時甚至為爭取機會而向導師據理力爭，終於他用了五年時間完成這個學位。

他緊記目標的方法十分實際和有效，他將自己定的目標寫在衣櫃的鏡子上，每天都有機會看到，作為對自己的提醒和鞭策。

我聽到兩位朋友的分享，知道他們在追求理想的過程中充滿盼望，當目標達到時都有種說不出的快慰。

我相信，有人生目標和意義的人是幸福的。

人生不單是追求享樂，還要有意義

人有別於動物，我們要找到活着的目標和意義。我們擁有的人生目標若源於我們的價值取向，投身其中、達到夢想就是一個得着快樂的過程。快樂之父 Diener 分享他一次教學的經驗，他邀請學生參與兩種不同的活動，第一種是享樂性的活動（hedonistic activities），例如跳舞、吃美食、試新衫、新車等。第二種活動是參與有意義但不一定好玩的活動，例如做義工、幫忙做家務等。一週後，學生匯報經驗。他們說享樂性的活動雖好玩，但快樂的感覺很快就消失。反之，他們會向朋友推薦參與有意義的活動，雖然這類活動未必好玩，但他們會有一種持續的良好感覺，因為這些活動與他們的個人價值取向吻合。當然，參與一些令你暢快又有意義的活動，可能是較佳的選擇。這個實驗告訴我們，單尋求快感不能持久，訂立有意義的目標反而有助快樂持續。見右圖（Tal Ben-Shahar, 2007）。

截然不同的快樂

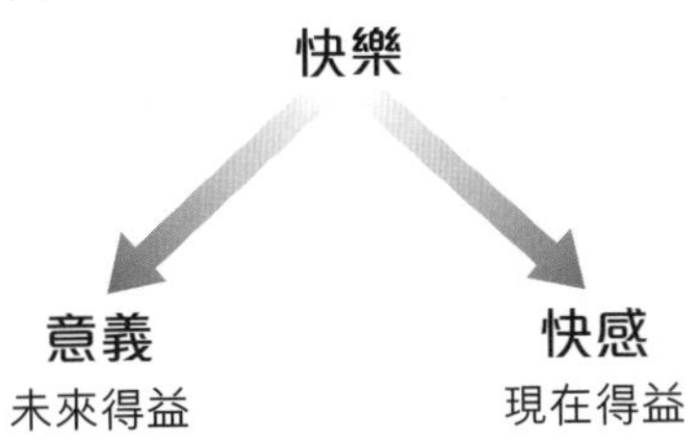

能帶給我們快樂的目標有什麼特徵

哪一類目標能給與我們快樂？正向心理學家 Lyubomirsky（2007）為我們分辨不同目標的特性，見下表：

能帶來快樂的目標	不能帶來快樂的目標
內在（intrinsic）	外在（extrinsic）
真誠的（authentic），忠於個人信念	不真誠的（inauthentic）
要追求或爭取一些事物（approach-oriented）	逃避主導（avoidance oriented）
與其他個人目標協調的	與個人其他目標有衝突
活動為主的（activity-based）	受環境限制的（circumstances-based）
彈性和與配合個人能力的（flexible & appropriate）	缺乏彈性和與個人能力不合（rigid & inappropriate）

有關人生意義的追求，筆者認為存在主義的心理學家最有洞見，他們剖析人們會因找不到人生的意義而落入存在性的困擾，包括：不快樂、沉悶、空虛感等。為了減低存在意義產

生困擾的痛苦，我們會找來意義的替代品，諸如忙碌生活、追求社會地位等，都是不能滿足個人存在的意義感。以下一幅圖畫，為我們刻劃出人生真正快樂幸福的惟一出路，是找到人生的目標（Keshen, A., 2006）。

為何要找到人生目標？

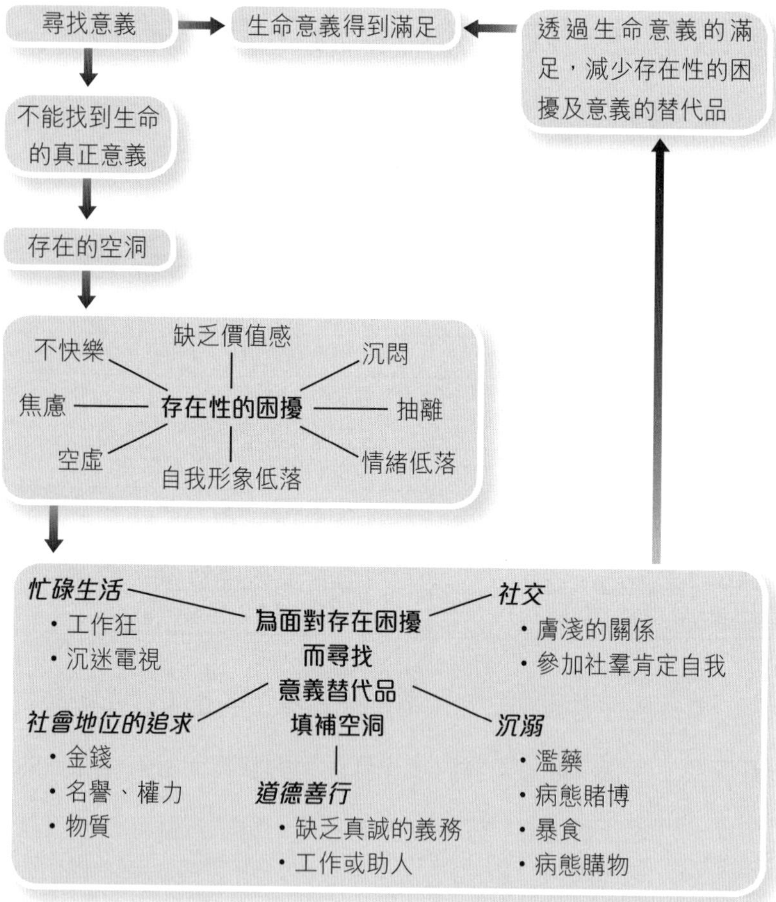

尋找意義 → 生命意義得到滿足 ← 透過生命意義的滿足，減少存在性的困擾及意義的替代品

尋找意義 ↓ 不能找到生命的真正意義 ↓ 存在的空洞 ↓

存在性的困擾：不快樂、缺乏價值感、沉悶、焦慮、抽離、空虛、自我形象低落、情緒低落

↓

為面對存在困擾而尋找意義替代品填補空洞

忙碌生活
- 工作狂
- 沉迷電視

社交
- 膚淺的關係
- 參加社羣肯定自我

社會地位的追求
- 金錢
- 名譽、權力
- 物質

沉溺
- 濫藥
- 病態賭博
- 暴食
- 病態購物

道德善行
- 缺乏真誠的義務
- 工作或助人

↑ 透過生命意義的滿足，減少存在性的困擾及意義的替代品

人生目標如何能帶來快樂

有一本受到廣泛推崇的暢銷書，名為《標竿人生》(*The Purpose Driven Life*)，作者指出人生有目標方向的重要，目標能給我們生活的動力和焦點。當看到自己漸漸趨近目標，我們有一種雀躍的心情，那份期盼能給我們不少快樂。當目標達到，看到自己的成就和成果，我們會有一份滿足感。

快樂有一個名為「享樂的腳踏機」(Hedonic treadmill) 的現象，一些令我們快樂和興奮的事，很快就給我們適應下來。不論是第一個月加人工、換了一部功能優質的電腦，那暢快的感覺很快就消失，我們要像享樂的腳踏機一般，重複尋找快樂的經驗，或提高某活動的刺激程度，來保持我們快樂的狀態，這似乎是一個沒完沒了的過程。不過，追求人生的意義和目標，有對抗這現象的能力，因為確定目標是有動態的 (dynamic variables)，不同的人生階段，我們會有不同的目標；一個目標達到後，我們可以定立另一個新目標。這樣，它不時提供我們新的快樂來源。

最近讀到一份研究報告，它進一步分辨出哪一類人生目標較能帶來快樂，零和的人生目標（zero sum life goals），是一些帶競爭、爭取成功的目標，例如物質、金錢的追求。非零和的人生目標（non-zero sum life goals）則不帶競爭性，如關係的建立，即婚姻家庭的建立、助人或參與社會改革運動等。研究結果指出，非零和的人生目標比零和的人生目標帶來更大的快樂。

這個研究對男士們特別有啟發性。我們不是盡力在事業上爭取成就，打好經濟基礎嗎？有時候工作上的拉扯，令我們犧牲或忽略家庭的需要，原來這反過來成為我們不快樂的原因。

哈佛大學的快樂學專家，提出一個訂定目標的三一組合，一個人若要找到一份令他滿足快樂的工作，這工作要符合三個條件，要讓當事人發揮他的強項（strength）、工作中有樂趣（pleasure）、並覺得這工作有意義（meaning）。

事實上，這裏提及的強項，與〈樂而忘返〉一章中提到個人強項與忘我是相關的。不過在本章中，筆者想強調的是透過定目標來表達對意義的追求，也是快樂的一個重要元素。

筆者舉寫作為例，心理學和文學都是我的興趣，兩者共通之處是對人性、人生的探索和描寫。文字、對人的觀察及反省都是我的強項。近年輔導性的書籍大受歡迎，因為很多人都想追求成長和解決自己個人的困擾，這類書的出版有助提升大眾的心理素質。若有讀者走到我身邊，告訴我他在閱讀我的作品時的得着，我就快樂無比。樂趣、強項和意義三者並存，這也是我得到快樂的泉源。所以，在繁忙的工作之餘，我每年總會定下一些寫作目標，你手執這本書，也是我快樂經歷的見證。

當人生目標和夢想失落

研究過渡期的專家 Schlossberg 對「沒有什麼發生」的過渡十分感興趣，她稱之為“non-event”，一些我們期望發生的事情沒有如願發生，也會帶來一種需要慢慢過渡的挑戰。例如，希望找到白馬王子結婚的女士，過了適婚年齡仍未有戀愛對象；很想有自己子女的夫婦，等了很多年都沒有懷孕；又或者等着晉升的機會，同輩的同事都晉升了，自己卻原地踏步，這些夢想沒有實現，帶給當事人不少失望。當時間慢慢地流逝，如願的機會更顯渺茫，我們如何接納夢想幻滅的事實呢？

失落了的夢想，因為「沒有發生什麼」的緣故，它跟一般的哀傷有別，失業、失意、失去親人等都是有一些具體的人、物損失，我們可以大哭一場。但失落了的夢想，因為未曾擁有過，那損失相對不顯眼，甚至當事人會刻意收藏，不讓人知道、獨自哀愁。直至好事者，有心或無意的提問，就將我們拋進一種莫名的空虛中。例如：「你還未有對象？」「你中學時不是想成為音樂家嗎？」

要面對和轉化失落了的夢想，需要我們的勇氣和創意。筆者年輕時都有一個未能完成的夢想。

中學時就讀英皇書院，不少同學都以入香港大學醫科為夢想，我也不例外，可惜會考和高考的成績未及水平，最終進了職業治療的行業，也算是跟醫學相關吧！但內心總有一些戚戚然的感受，甚至害怕碰上讀醫科的舊同學，當時情緒低落了一段時間。幸好，在修讀職業治療的過程，對心理學 / 精神病學產生興趣。畢業後在精神病院工作一兩年，認識到精神健康的重要，深感一個人若在崩潰前得到幫助，總比事後治療更好，所謂「預防勝於治療」，所以便放下工作，修讀心理輔導。

因為全心投入了輔導工作，忘卻起初要成為醫生的夢想。但後來編輯一本書，名為《醫心者的剖白 —— 明心手記》，恍然體會到生命的有趣。我的夢想似乎是幻滅，但它卻以另一種形態出現。醫治人的心與醫治人的身體都是一樣吧！回想自己的性格或不適合當醫生，甚至後來發現自己有「色弱」的問題，原來我比較合適當心理輔導多於當醫生。

轉化失落的夢想取決於我們有另一個同等價值，甚或比現有的夢想更大的價值意義出現，我們就能夠輕看以前的夢想，跟它説聲再見，或許它會以另一種形態再出現呢！

我見到不少未婚人士，專心發展自己的事業和志願。也見過不少不育的夫婦，收養了兒女，組織一個快樂完整的家。

山窮水盡疑無路，柳暗花明又一村。過渡期輔導的專家 Schlossberg 提出了四方面的學習，值得我們深思。

1. 準備 B 計劃

人生往往未必如我們期望的劇本演出，當中有不少被打岔的機會，我們隨時要改寫自己的計劃。我們有時候懷着破釜沉舟的決心，這本是好事，然而一旦計劃失敗，或沒有像我們預期的發生，我們得有 B 計劃的預備。例如，結婚後想有自己的兒女，等候多年都不果，B 計劃可能是收養吧！

2. **挑戰「適齡」的想法**

我在上文討論過社會時鐘的壓力，很多人以為三十歲應該結婚，但五十歲為何不可以？三十歲前應該大學畢業，為何中年重拾書包入大學不可以呢？例如，不少研究指出，中年有很多變數，沒有一條公式，沒有什麼年紀就不可以作什麼事的道理呢！

3. **柳暗花明又一村**

在一些絕望困境中，或在一些死胡同中，另覓出路，似是不可能，但因為生命的鬥志，總有新的路徑可行。一齣名為《潛水鐘與蝴蝶》（*The Diving Bell and the Butterfly*）的電影，最能說明這方面的道理。

時裝雜誌總編輯 Bauby 於一次嚴重中風後蘇醒過來，全身癱瘓，只能眨動一隻眼睛與他人溝通。Bauby 卻沒有被命運作弄而死氣沉沉。相反，他決定著書立説，每天努力不懈轉動單眼，讓身邊人把字母逐個記下，細膩地撰寫大病期間的一切經歷；Bauby 利用無盡的生命力，將自己比喻為海底下的潛水鐘，竭力擺脱捆鎖，像蝴蝶般自由飛舞。

4. 沒什麼是太遲

生命有很多突如其來的事，像四川地震，將我們生命的價值系統拆毀了，也重建了，例如，親情、生命、作事的倫理道德等，人們都要重新定位、反省；但覺悟永遠不會太遲，把握今天（seize the day），活出生命的精彩。

增進快樂習作

習作一

幻想你將來的生活，假設事事順利，你的努力得到美好的果效，你所有目標都能達到，你的夢想成真，你要怎樣過你美好的生活。

習作二

你的傳記：幻想你剛去世，過了一個豐盛和滿足的人生，你希望在你的傳記中，最值得他人記念的地方是什麼？試用 1-2 頁紙寫下你最想被記念的事。

這習作迫使我們思想生命中最重要的是什麼？若你在有生之年及早運用你最精壯的日子，去完成自己認為最想被記念的目標，你就不枉此生了。

快樂小提示

為將來定立目標的人就是對未來感到樂觀！

請翻到〈樂觀感〉（頁 90）

人際網絡上的
快樂習慣

7 我與社群：知足、不比較

「人比人，比死人」。

我們卻偏偏陷入這揮之不去的比較情緒之中。

區祥江，作者

我沒有深厚圓渾的低音

我們活在羣體中，少不免會將自己與別人比較。俗語有云：比上不足比下有餘，但人總有傾向往上比較多於往下比，這是人的天性吧，也是一生都要面對的問題。年輕時，我們最怕父母將自己與親友比較，他們大多愛將我們向上比，讓我們有一種羞恥感，以致能發奮圖強，為他們爭取多一點光榮，但很多時候都不太奏效，這只會令我們更加自卑。不幸的是，即或父母雖然不在身邊，這種慣性與人比較的心卻常伴左右。

記得二十多歲的一段日子，我熱愛音樂，參加了一個基督教的合唱團，我是在那裏認識了太太的。在合唱團中我唱男低音，按自己的聲底，我應該屬於男中音，是高不成低不就那一種吧！在合唱團中我認識了一位好朋友，大家屬同一個聲部，傾談的機會多了，後來更成為好朋友，他是古典音樂「發燒友」，我從他身上學到不少欣賞古典音樂的入門知識。

我這位朋友天生一把沉厚圓渾的低音嗓子，與他一起唱歌是一件樂事，因為他如一座山作後盾般，給人一份十分安穩的感覺。在合唱團中，有時一些歌唱的部分是獨唱的，指揮總會選他擔任這部分。雖然他是自己的老友，按道理真是他最合適；但獨唱的機會總輪不到自己，心裏難免有一些比較，也會因此感到不快樂。這種心情是十分矛盾的。

但這種因比較而來的感受始終要解決，我慢慢看到自己並非每一樣事都要被首先選上，我自己在文字的表現，在樂團中也得到肯定，得到一些編輯音樂會場刊的機會。我接受每個人都有不同的才幹，在自己的才幹組合中，有一些是比較突出的，有一些是別人比你強的，我們為什麼不可以透過欣賞他人的天賦而高興呢！放下比較的心，我感到更加釋然，也更欣賞這位朋友沉厚圓渾的低音。我不用自己擁有都可以享受，是我須要學習抱有的心態。

滿足與知足

中國人常說知足常樂，它含有一種比較下的決定，「知」者，是一種認知，為着自己所擁有的感到足夠；也可以是若與他人比較，或會不及他人，不過，自己知足就是了。所以，這種心態是一個經過社交性比較後的結論。

何謂不知足？有些人過分追求金錢，對物慾無止境的渴求，這樣，我們縱然有不少財富，內心卻仍感到貧窮；研究快樂的權威 Diener（2008）說得好，我們要的只是物質上足夠（material sufficiency）。他介紹了一道很著名的快樂方程式：

$$快樂 = \frac{我們所擁有的（what\ we\ have）}{我們想擁有的（what\ we\ want）}$$

由此可見，有錢但不斷想擁有更多的人，容易感到不快樂，但一個物質基本上足夠的人，若他能夠知足、沒有過度渴求，反而比有錢的人更快樂。

滿足與知足有點不同，它是對當前的事物，不論是一項工作的成果、一份滿足的關係、或看到兒女的成長或成就，感到非常滿意，這就是滿足，它可以不包含與他人比較的成分。

舉筆者的寫作經驗為例，當我完成了一份手稿，我會因此而滿足。到它真正出版，一本新書在手，這是另一次滿足感出現的時候。在我眾多的書中不少只是印行了一版，就因缺乏市場動力停止再版。所以，當一本書印行到第二版時，我就有一種知足的感受，這是經過與其他未能再版的書比較下有的感受。當然，當我其中一本書能再版七次，我的反應就不再是知足，而是喜出望外了。

自我批判與社會性的比較

我在《生命軌迹》的〈從羣體中區分出來〉中，曾經談過一個成長的契機是透過從羣體中分辨出來（differentiation），這是一種既在身邊的人身上找到仿傚對象的同時，又不會因給人比下了而感到自卑。所以，在羣體生活中，能找到自己的定位，知道自己的強弱和喜惡，是人生快樂的源頭。或許隨着人生的閱歷增加，我們可以更灑脱。正如著名散文家梁實秋先生，在一篇描寫中年的散文説：「中年的妙趣，在於相當的認識人生，認識自己，從而作自己所能作的事，享受自己所能享受的生活。」

不過，能達到這種境界並不容易。經常與人比較是我們不快樂的原因，特別與人比較的過程容易生出羞恥的感受，覺得自己不及人，又感到自己的弱點暴露人前。但哪些人會經常與人比較呢？研究發現，一個自我批判性（self-criticism）高的人，會不斷作出社交性的比較。他們的性格特徵包括：比較着重自己的成就、愛與人爭競、對自己十分苛求。

這種自我批判性高的性格會導致情緒低落，它的軌迹如下：

比較的惡性循環

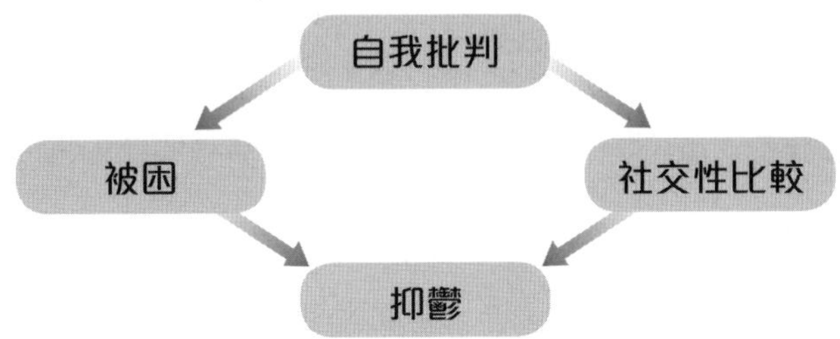

自我批判性高的人，一方面會不斷與人比較，在比輸了的情況下，他的工作表現和情緒都會變差。另外，他會有一種受困（entrapment）的感覺，感到裏外都受困，不單不能逃離比較的現場，更受自己內心的負面情緒和思想所困。我想起多年前一套名為《莫札特之死》（*Amadeus*）的電影，劇中另一位主角薩里埃利，是十七世紀末十八世紀初歐洲頗具知名度的音樂家，在維也納當宮廷典樂大臣達五十年之久。他是否真的如謠言所云，因妒忌莫札特的才華而動殺機，至今仍然是個謎。亦因有這樣的傳說，加強了天才之死的神祕和浪漫。但電影中對他因與莫札特比較，深受情緒所困，最終鬱鬱而終的描寫十分深刻。

如何不與人比較

既然比較容易令自己不快，我們如何調校自己的心態，避免跌進比較的陷阱。福樂神學院的心理學教授 Dr. Archibald Hart（1988）在著作 *15 Principles for Achieving Happiness* 為我們提供了五項正確思想，來面對與人比較引起的不快。

1. 他人在一些領域上的技巧比我們高超，不代表他們就高我一等。
2. 每個人都有自己的錯處、限制、和感到不安全的地方，當然他們也有自己的強項，我不應誇大或貶低他們的價值。
3. 大部分人都不想與我爭競，他們只想感到大家是平等的，而不是比我們低下。
4. 優越感和自卑對我和他人都是危險的，要盡我所能，不與他人比較。因為優越感會帶來傲慢，傲慢使人誤用自己的權力。
5. 與其跟人爭競，不若在他人身上，找出他們美好的特質，如仁慈、憐憫、及幽默感等。上天創造人人是平等的。

除了建立正確的思想外，正向心理學家 Lyubomirsky（2007）也提供了一些驅走愛比較的想法。她提出解開比較思想糾纏的方法有：

1. **打岔法**：當你發現自己被比較的思想所困，找一些可以全情投入的事情去做，這可以打斷你負面的比較思想。
2. **叫停法**：這是一種認知行為治療法，趕走負面思想的技巧，當意識到比較思想出現時，可以大聲叫STOP或NO，你的腦海會突然空白一片，接着你要以一些快樂或正面的思想來取代這些比較的思想。
3. **分配時間來專注思想**：這方法有一些弔詭，當你撥出一段專用的時間這樣做後，在另外一些時間，如果負面比較思想出現，你可以告訴自己，我已另撥時間去進行這類思想，現在大可以不必想它呢！
4. **找朋友傾訴**：當負面比較思想深藏在自己的腦海裏，它會不時來襲擊你，將情況告訴一個可以信賴的聆聽者，他會成為你的守護天使，聆聽和客觀地跟你分析，或許更會說一些肯定你的說話，釋除你對自己的疑慮。
5. **寫下比較的思想**：將這些負面的思想寫下，嘗試找出你經常出現的比較主題，例如你通常是將自己與哪類人作比較、比較的內容通常環繞什麼等，這有助你正面處理這些問題。另外，寫下這些負面比較思想的好處是，你大可告訴自己不用再前思後想，因為它已經被記錄下來，這方法有助你把思想重擔放下。

當然，在前面〈樂在當下〉談及有關 Mindfulness 的方法，也可配合使用，它們對放下負面思想，有異曲同功之效。

你是格價天王嗎？

人生充滿大大小小不同的抉擇，有時候愈多選擇，就愈難做決定。例如，你走進超級市場，某樣貨品有不同的牌子可供你選擇，你就得細心比較，從價錢、品質、出產地等條件去做判斷，若面前有六個選擇，或許你還能應付，若面前的選擇增至三十項，你就感到惘然。在香港，我們有一個格價文化，也多謝《選擇》月刊作的貨品測試和比較，在表列的不同品牌中，品質與價錢往往是我們要作出比較和妥協的地方。可見，愈多選擇帶來愈多煩惱。

正向心理學家將做抉擇的人分類，一種是屬於格價天王（maximizer），他要花不少時間作貨品的比較，當選擇的數目增加，他的心中會有一種疑慮，我的選擇是否最好的呢？他也容易生出後悔的感受。另一類稱為易於滿足者（satisficer），他們不會花無盡的時間來作貨品比較，他為自己定一些可接納的條件，若某種貨品他認為符合自己的條件，或已經夠好，他就不介意可能有一些更好的貨品出現，作出了選擇後，他會較少出現後悔的情緒。

筆者翻譯了一個稱為盡取所長的量表（Maximization Scale）中幾道問題給你作自我檢視。

1. 看電視的時候，我會不斷轉台，看有什麼更好的選擇。
2. 就算我滿意現在的工作，我仍然會尋找就業市場上更好的機會。
3. 我熱愛一些排行榜，我喜歡將歌星、球星、品牌排次序，我要選擇第一位的東西。
4. 無論我作什麼，我對自己有最高的標準，我不能接受那次好的。

如果你是一個格價天王，我有一個壞消息給你，你會花過多時間作搜尋；而且因貨品不斷推陳出新，你會較容易跌進後悔的情緒中，也比較容易不快樂。一個格價天王也是一個容易與人比較的人，他如何知道自己的選擇是最好的呢？最容易的方法是與身邊的人作比較，這樣的人也容易因被人比下來而不快。事實上，這也是導致情緒低落的原因，作一個決定是好是壞，我們最容易歸咎的，當然是作決定的人，這種自我歸因的傾向，使他容易自我埋怨，自我埋怨也是情緒低落的主兇。

所以，你想成為一個快樂的人，就不要作格價天王，擇善而固執，只在一些重要的事情上作最好的選擇，在平常生活，要作一個容易滿足的人！

快樂小提示

不再比較，讓你專注生活！

請翻到〈樂在當下〉（頁 72）

增進快樂習作

習作一

以上 Hart 提出五方面的正確思想，哪一個對你特別有積極的提醒作用？試把它抄下來，放在錢包或夾進記事簿，當下一次與人比較的情境出現時，試拿出這句説話來提示自己，不要再批判自己，減少與人比較！

習作二

你是格價天王（maximizer），還是滿足者（satisficer）？你若是格價天王，在未來購物的時候，試減低自己格價的慾望，滿足於在限定時間內作出剛剛好（good enough）的決定。之後，不再追查其他貨品的價格，單單享受物品的樂趣。

8 我與朋友：滿足的關係

世上只有一種快樂，就是愛與被愛。

George Sand，作家

感激的經濟系統

我不是一個外向的人，按快樂的研究，我較內向的性格不是很有利我得到快樂。不過，我也算是個容易相處的人，我在不同的圈子中，都可以找到一些好朋友。

當然，最能給我心靈慰藉的是與家人的關係。一天忙碌的工作後，能回家與家人吃一頓簡單的晚餐，在飯桌上談笑風生，彼此分享各人生活的體驗、一些生活的趣事，是一天最快樂的時光。

對一個男人來說，我最快樂的人際關係是與太太的夫妻關係，特別是你感受到對方給你無條件的愛，遠遠超過你在關係上所付出的，這也是性別研究的社會學家 Hochschild 提出的觀念，名為「感激的經濟系統」(economy of gratitude)。這是一份「感激的收支平衡表」，也是夫妻相愛的基礎。

愛是一種感激，因為知道那是對方送出的禮物，不是自己理應接收的，是對方「多走一步」(something extra, more than is normally expected) 的愛心表達。正因這緣故，接收的一方，很希望能夠回報對方，這就是「豐富的感激經濟系統」(rich economy of gratitude)。透過服侍對方，就如獻呈了一份愛心的禮物，對方亦因此想還以一份感激的禮物。我們就在這施與受的增益下，關係得到滿足和喜悦。

有人説，夫婦的感情會隨着歲月而減退，我認為夫婦感情變淡，並不是一種宿命，我與太太的婚姻快步入二十五周年，能同行四分一世紀，當中的恩情，怎不教人感動。我常説笑，男人是婚姻中最大的受益人，我至今仍然是這樣想的，因為太太為我所付出的多，她是上帝給我人生中一份最大的禮物。

怎樣的友誼能增加快樂

我們不少快樂的時光是與人一起歡聚帶來的，在人際的互動中，有很多變化和驚喜，既然人際接觸是快樂的主要來源，一個外向的人，比內向的人更快樂是可以理解的。這對內向的人是一個壞消息嗎？我想並不盡然。我也是一個內向的人，雖然不大喜歡很多的社交活動，卻可以與人深入傾談分享，過程中我找到不少樂趣。另外，內向的人較着重內心世界的探索，有一些快樂的習慣較適合內向的人，因為他們能專心面前的工作，所以，較易出現忘我的情況；另外，回味也使內向的人有較多心靈空間，沉醉在這些快樂的回憶中。

外向的人比內向的人較為快樂，其中一個原因是外向的人有較多朋友，朋友間的接觸是我們快樂的來源。不過，我們也聽過一些人的慨歎「相識滿天下，知己無一人」。正向心理學家想找出怎樣的友誼能增加快樂，當中的發現也可以幫助我們改善友誼質素。根據 McGill 的 Friendship Questionnaire，當中量度朋友的功能共有六項，包括：

1. **友伴（companionship）**—— 一起做一些愉快、有趣，或令人振奮的事情。
2. **幫助（help）**—— 提供指導、協助和其他形式的援助。
3. **親密（intimacy）**—— 敏感對方的需要和狀況，對對方誠實表達的思想、感情，和個人信息抱開放的態度。
4. **可信賴的聯盟（reliable alliance）**—— 保持支持和忠誠。
5. **自我的肯定（self-validation）**—— 安慰、鼓勵，和其他幫助，使朋友保持一個積極的自我形象。
6. **情感的安全（emotional security）**—— 在陌生或受威脅的情況下，讓朋友感到舒適和有信心。

正向心理學家將這些友誼的質素與快樂作關聯的研究，在一篇專文 "I am so happy cause today I found my friend: Friendship and personality as predictors of happiness"（Demir & Weitekamp, 2007），他們發現六項友誼質素中，只有兩項是與快樂有較強的相關性。這兩項質素分別是友伴和自我肯定。

友伴是指與朋友分享一些共同的興趣或活動，在活動的過程中會提升樂趣、歡愉和刺激等叫人快樂的感受。所以，花時間與朋友相伴，一起去飲茶、釣魚、逛公司等活動，可以提升快樂。這正如正向心理學家提出，我們與誰做些什麼事都可能改變我們快樂的程度。這也提示我們，縱然是一些長久的友情，我們稱為「老友記」的，若沒有定期跟進接觸，這友情未必能增加我們太多快樂。

另外一個能預測快樂的友情素質是自我的肯定。自我肯定是指我們看那位朋友是懂得肯定、鼓勵和聆聽我們，並幫助我們建立一個自信和有價值的自我形象。例如，他們會指出我們有什麼優點、肯定我們的自我形象。最近我也有這種體驗，我有一位認識多年的死黨，他對電腦產品甚感興趣和有心得，又十分樂於助人。所以，每當我要考慮買什麼電腦產品，總會問他的意見。最近我對輕觸式的手提電腦感興趣，因為可以在交通工具上寫作，這位朋友知道我的需要，便勞心勞力的幫我找一些平價合用的產品，最終他為了我有限的預算，竟然把自己正在使用的手提電腦讓給我，更為我安裝充足的配件，我十分多謝他做了一個電腦全包宴。在過程中不單是我得到他的幫助，他的才能和樂於助人的性格也得到肯定，他與我同樣快樂呢！

所以，在建立愉快的友誼的過程中，別忘記花時間與友人相處，讓自己和他人從中得到自我肯定。

人際技巧基本原理

一個快樂的人，應該有相當的人際技巧，因為我們有不少快樂來源自人際的互動，我們若能與身邊的人建立和諧愉快的關係，這是十分重要的。否則，一些人際的衝突和不協調，只會增添我們的不快樂。所以，本章會提出一些人際關係的基本原則，幫助讀者建立更滿足的人際關係，也為自己的快樂建立一個更闊的人際網絡。

我們先看人際建立的一個基本原則，這是社會心理學家阿特曼（Irwin Altman）和泰勒（Dalmas Taylor）提出的「社會滲透理論」（Social Penetration Theory）來分析人際關係的發展模式。這理論提出自我流露就如洋蔥般，由陌生人之間互相表達較表面的事情（如喜歡的食物）和較少話題，慢慢地伸展至表達內心深處的感受（如心儀的對象），而流露的主題也更廣泛。

社會滲透理論圖解：一名大專學生在朋友間自我流露的不同層次

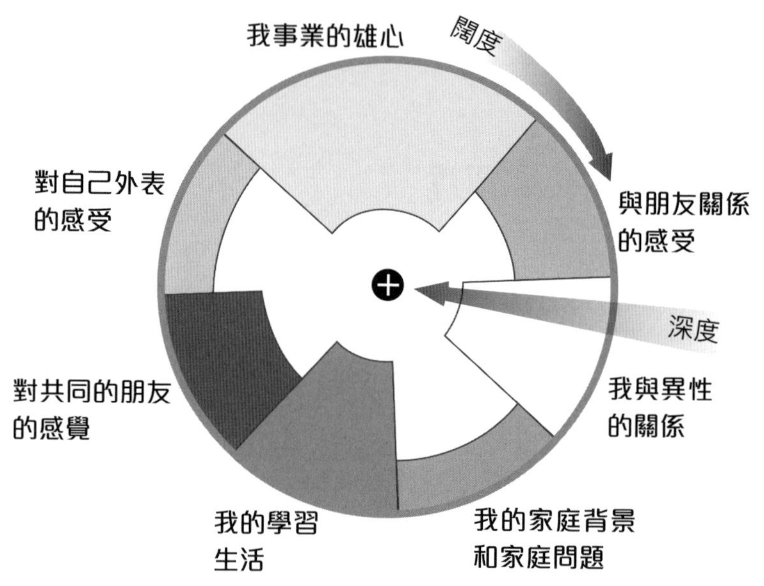

影響自我流露的因素

1. 相互性

自我流露會受「相互性」(reciprocity)影響，即是當我們把自己的事告訴對方，便能引發對方把他的事也告訴我們，雙方的自我流露便會增加，了解也就隨之加深。自我流露也傳達了信任和喜歡對方的信息，所以透露自己的事，能令對方因感到我們喜歡他而喜歡我們。如果單方面流露自己，失去相互性，欠缺溝通，便不能發展友誼。

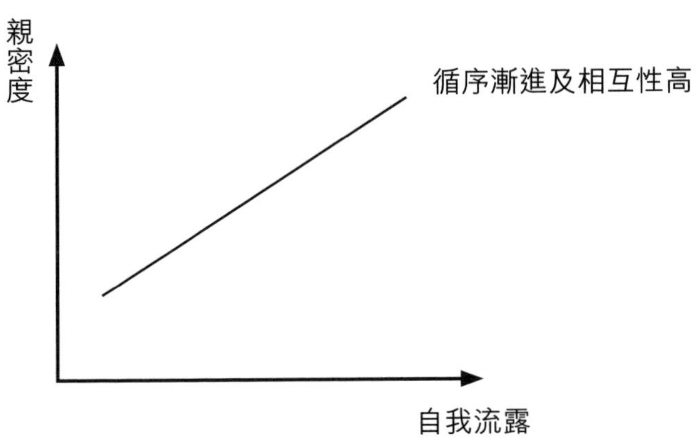

2. 自我流露的程度

掌握自我流露的程度對發展友誼也十分重要，只有謹慎地逐步自我流露，我們才能與別人發展親密的關係。一方面，如果感到對方自我流露的層次比我們的深，我們便覺得要開放自己多些，這便形成一種壓力；而且若我們覺得彼此交往尚淺，被迫透露過多會覺得自己的隱私被侵犯，因此不希望繼續發展這段關係。另一方面，如果我們自我流露的層次比對方深入，則會自覺愚蠢和受傷害，會因此不願持續加深彼此的關係。這也是我們稱為交淺言深的意思，在關係尚淺的情況下，分享太個人化的事或表達得太深入，會給人一種無形的壓力。

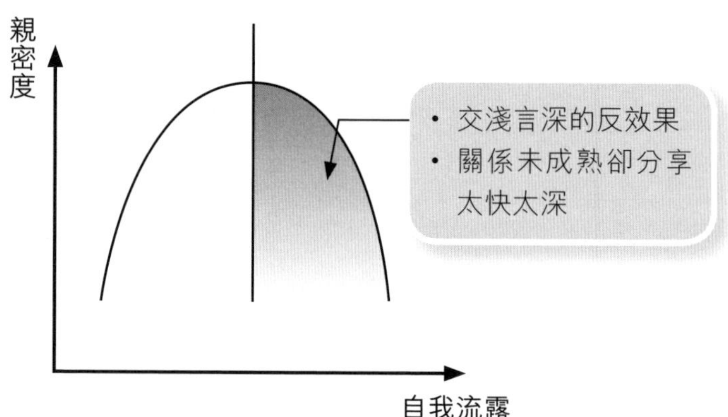

人性與相處

除了以上人際建立的基本理論外，人際相處也有一些跟人性基本的考慮有關的情況，我們若認識這些心理狀況，就像取得一條人際關係的鑰匙，無往而不利。

1. 人最怕被拒絕、人最需要別人的接納

筆者在《生命軌迹》一書的〈從無條件的接納到自我接納〉中，也談過一份滿足的關係最基本的條件就是回應人被接納

的需要。我想這是每個人都有過的經驗，當去到一處新的社交場合，你感到陌生，很想找到相熟的朋友相伴，因為在陌生的環境中，你最需要的是別人的接納。

2. 要與人有效相處，你一定要保護和建立別人的自我形象

自我形象是每個人最寶貝的財產，如果他面對你時感受到自我形象受威脅，他就會遠離你、避免受傷。反之，在人際交往中，你不斷建立他的自我形象、鼓勵他成長，他自然喜歡與你交朋友。

3. 在人際相處時，每人都關心有沒有我的份兒

在羣體中，有自己的份兒（being included），是我們每個人都關注的，我是否受歡迎？我的表現，其他人會接納嗎？所以，在人際相處的時候，多留意有沒有一些人感到被忽略，我們可以主動接觸他，幫助他進入人際的圈子之內，例如，將他介紹給自己的朋友，或給他一個角色：請這位朋友講解一下他的專長，或請他代你招呼另一位新朋友等。

4. 每個人都喜歡談對自己重要的事

這是一個很微妙的互動，每個人都有自己關注及感興趣的事，我們與人接觸時，是投其所好，專談對方關心的事，還是暢談自己的事呢？這似乎是要取得一個很好的平衡。我想較理想的原則，是先去了解、後求被了解。

5. 人只會吸收他能夠了解的事情

每個人都來自不同的背景，他們有慣用的語言、思考方式。所以，與人相處的時候，要用對方能夠了解的語言，是十分重要的，否則，我們會有一種疏離的感覺。例如，我們跟小朋友交往，要將説話淺白化。又或者一個外地回港的人，向低下階層説話時，他要刻意留心，自己的話內是否夾雜了太多英文用語。

6. 人喜歡和信任一些喜歡自己的人

這是人際相處一種正向的化學作用，當你感到有人喜歡自己，你也自然會有正向的反應。這情況在求學期間特別明顯，當我們感受到某位老師寵愛自己，會加倍努力讀書，也較容易信賴這位老師。所以，你若想跟某人建立良好的關係，想想他的優點、他有什麼地方值得你喜歡，熱誠地表達對他的喜歡，如果他有正面的回應，關係就會不斷增長。

7. 施與受間要取得平衡

有人這次給了你一些恩惠，你下次還給他，這種禮尚往來是中國人交朋友的藝術。當然，我們也會為一些長輩爭「埋單」請飲茶而起爭論感歎，我們若以施與受的角度來看，他們的行為並不是沒有道理的。我們送禮物給人的時候，會感受到快樂，這是施比受更為有福的道理，但這做法也有它的問題，單向的付出會令領你人情的一方，有一種欠你人情的感受，施多於受的不平衡會使施予者站在較優越的位置，令關係失去平衡。縱使是父母與子女的關係，當子女慢慢成長，我們也要給予他們回饋的機會。這種施與受的平衡，最終，會讓子女與父母發展出如朋友般的關係。

帶給別人快樂的回應方式

Gable、Reis、Impett 及 Asher（2004） 在 一 篇 專 文 "What do you do when things go right? The intrapersonal and interpersonal benefits of sharing positive events" 中提到，帶來快樂的人際互動，是當你有開心的事向人傾訴後，聆聽者曉得以正面的方式回應。他們分辨出四種回應快樂事件的方式。

朋友告訴你，她得到一份高薪的差事。你可以回覆：

1. **主動 / 建設性：熱情，對正面事件表示真正關心**

「哇，恭喜你！你是怎樣獲得這個差事！你真是太棒了！」

（非語言表達：保持眼神接觸，顯示了正面的情緒）

2. **被動 / 建設性：默默的支持，顯示出疲弱的感受**

「這很好。」

（非語言表達：很少或根本沒有積極的情感表達）

3. **主動 / 破壞性：批判，指出消極方面和負面的可能性**

「很抱歉，聽説這將會非常忙碌，我怕你未必能夠應付。」

（非語言表達：顯示出負面情緒）

4. **被動 / 破壞性：漠然，沒有表現出任何興趣**

「這裏最近的生意很差。」

（非語言表達：很少目光接觸，迴避）

這羣學者指出，若果我們與人的接觸，能以主動 / 建設性的回應，而這些正面的回應數量多於批評三倍，那麼，這份關係滿足的程度就可以得到保證。

如何成為別人的好朋友

我在福樂神學院認識一位十分尊敬的老師Lewis Smedes，他對建立友誼很有見地，他演說了一篇有關好朋友的講章，以五個「A」字開始的英文名詞來總結好朋友的素質：

Affection（**親切**）：	好朋友彼此相悅，像一對穿慣了的拖鞋，失去時才覺他存在的重要。
Advantage（**有益**）：	好朋友是對彼此有益處的，這種是雙向的有益處，否則就變成被利用。
Admiration（**欣賞**）：	好朋友互相欣賞對方獨特的氣質，透過彼此的相遇，可以感染對方的風采。
Accountability（**交代**）：	好朋友勇於向對方有交代，這是一種敢於有眼神接觸，告訴對方我期望你要持守的承諾。
Accessibility（**易接近**）：	好朋友是在有需要的時候，隨傳隨到的，在你最痛苦時，在你身旁無言的同在。

這是好朋友應該有的素質。當你希望得到朋友的接納和朋輩的歡迎之前，有否想過先擁有或培養這些作朋友的質素，你有這五個「A」的特質，就不愁找不到知心的朋友，也可從中享受到友誼帶給你的快樂。

快樂小提示

學習彼此寬恕，才能建立滿足的關係！

請翻到〈寬恕〉（頁 154）

增進快樂習作

習作一

先自我評分，然後找一個朋友，邀請他給你評分。1 分最低 5 分最高，若那一項與你自己的評分有出入，試從朋友口中了解箇中原因。

在五個「A」的特質中，哪一項是你最須要培養的呢？

好朋友的素質	朋友給你的評分
Affection（親切）	
Advantage（有益）	
Admiration（欣賞）	
Accountability（交代）	
Accessibility（易接近）	

習作二

在未來一星期，當聽到親友分享他們快樂的事件，試以主動 / 建設性的方式回應他，留心這回應帶給他們什麼反應，你跟他的關係有沒有因此得到建立。

9 我與親人：寬恕

寬恕是最高的情操和最美麗的一種愛，你將會接收到不能言喻的平安和快樂。

Robert Muller，政治家

原諒別人和自己

在輔導工作中，幫助人原諒別人和自己是經常要處理的問題，眼看着受助者充滿懷恨、不能寬恕的情緒，坐困愁城的樣子，也為他們難過。有次，一位丈夫與家庭傭工發生婚外情，太太認為是傭工趁着他們夫婦關係最脆弱的時候，乘虛而入。她對傭工的行為十分憤怒，每次談起傭工，都會很不開心。事情過了一年多，她仍然放不下，問起她會否原諒他們時，可能她想挽救婚姻，而她也自覺在婚姻中有不是，所以她樂意原諒丈夫；但傭工橫刀奪愛，不記念主僕之恩，她始終是放不下的，所以，臉上很少展露笑容，我為她未能饒恕帶來的困擾可惜。

另一位不能原諒自己的女士：她是一個工作狂、事業型的職業女性，個性比較硬朗，在婚姻中忽略了丈夫的情感需要。丈夫在婚姻不愉快下出現了婚外情，後來更走上離婚的路，成為單親媽媽，在極度低落的日子，身邊的親友都來安慰她，包括她的妹夫。在情不自禁下，她和妹夫發生了性行為，她雖然很快就斬斷了這段關係，但覺得對不起妹妹，很難原諒自己。她來面談時，總是穿上深色或黑色的衣服，更顯出她沉鬱的心情。後來，她因婚姻失敗尋求信仰的慰藉，決志信了基督教。基督教信仰核心是愛與寬恕，我鼓勵她要原諒自己，因為她所信的上帝也原諒了她。她痛哭悔過，我又為她作了一個赦罪的祈禱。經過這個過程之後，她整個人輕鬆起來，臉上的笑容多了，連衣着也一改過往深沉的調子，穿上了淺色、色彩較鮮艷的衣着，標誌着她心情的轉變，由憂愁變為喜樂的表現。好多年後，她更來信告之與丈夫復合，我着實為她感到欣喜。

快樂與婚姻狀況

「他們從此快快樂樂的生活下去」，這是不少愛情小說的結尾，這給人一個想法，就是找到一個終身伴侶，是我們快樂的來源，尋着愛就尋到快樂。不過，另一邊廂，我們又知道，婚後有柴米油鹽醬醋茶，數不盡的夫婦相處困難要處理，我們也看到不少夫婦最終以離婚作為結束不快樂的方法。那麼，結婚、單身，或其他婚姻狀況，哪個比較快樂呢？以下是一個由美國心理學家於 2000 年 1 月做的比較。

婚姻狀況與快樂的關係

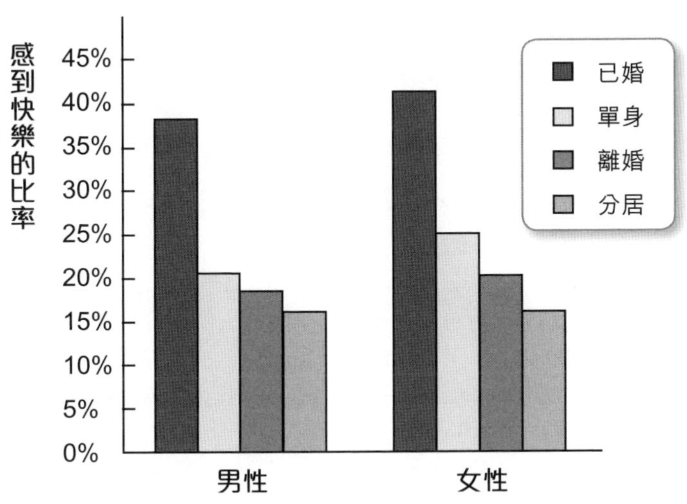

備註：訪問由 National Opinion Research Center 主持，受訪期由 1972 至 1996 年，共 35,024 名受訪者。

我們發現，已婚的狀態對兩性都是最快樂的選擇，單身的快樂指數排第二位，而分居則比離婚更加不快；這也可以理解，因為分居是懸空着一段不快樂的關係，對關係的不肯定、還要正視關係的生死，也會使分居人士不快樂。不過，這個研究的提示，或許我們早就知道，就是不要盲目，在關係和個人未成熟的情況下結婚，因為婚姻破裂帶來的不快比不結婚的單身境況差。事實上，單身生活若處理得好，也可以是獨樂樂呢！

正因婚姻是如此親密的關係，我們各人的性情亦有不成熟的地方，要維繫一段美滿的婚姻，我想有一樣快樂的習慣，是一定要學習的，就是學會去寬恕，這包括寬恕別人和自己。

寬恕與快樂

假若你對於過去有強烈且負面的思想，像一個揮之不去的陰影，那麼，這些負面的思想會封鎖了你通往正面情緒的途徑，如快樂和滿足。有一些時候，我們有充分的理由不去寬恕，將苦毒的情感藏於心底。近年在夫婦相處上流行一種稱為情感銀行（Love Bank），鼓勵夫婦多表達愛意來增加情感銀行的積蓄。這觀念有一個雙生兄弟，就是苦毒銀行（Bitterness Bank）。有時候，我們會從苦毒銀行提取一些未能饒恕他人的事件來重溫，叫自己繼續不快。在另外一些時候，你雖然沒有刻意將它提取出來，它卻跳出來，盤踞在你的思想，使你活在過去的傷痛記憶之中。

或許你的經歷很獨特，你受的傷害可能很深，以致你不容易去寬恕。寬恕有時是需要時間的，起初的情緒反應可能太大，一下子不易面對。但人生走到某一點，你的苦毒感受減輕了一點，你可以嘗試去饒恕，讓你不再被過去捆綁着，不能享受生命的豐盛。

寬恕能夠將我們的苦毒情緒轉化成較中性的情緒，當那些與不饒恕相關的憎恨、憤怒、恐懼、抗拒等情緒經常在心裏，我們很難感到快樂。反之，寬恕除了減退這些負面情緒外，它會帶來一個較正向的狀態，例如憐憫、同理心和盼望感會出現，這些正面的情緒不單能帶給我們快樂，它對我們的身體健康也起着正面的作用。

再者，我們若再多走一步，與傷害過我們的人和好，我們會有更大的益處。當與他人的關係修補好，我們從和諧人際關係而來的快樂也會增加。

筆者是專業的婚姻治療師，在婚姻輔導的個案中，經常要處理夫婦之間的恩怨，夫婦間若埋藏太多苦毒，他們的關係很難感到快樂和滿足。在輔導的經驗中，筆者認為饒恕的權威Worthington（1998）提出的寬恕五部曲很有成效，讀者可以從一個婚姻輔導員的角度去看饒恕所必須的步驟和進程。

1. 回想傷害

讓他們回想之前所受過的傷害和發生過的不愉快事件。在自由的對話裏，夫婦重新討論當中發生的事情，輔導員負責防止他們的怒氣升級。

2. 對背叛的一方建立同理心

聆聽對方如何形容事件的經過，有助他們從對方的角度看事情，從而建立同理心。然後讓他們運用同理心表達自己對事情的理解。

3. 寬恕的禮物

雙方分享曾經得罪或傷害別人後獲得饒恕的經歷，從而討論被寬恕後的感恩和釋放的感受。

4. 表達寬恕

配偶有需要開口寬恕對方，輔導員可在他們準備好的時候邀請他們互相寬恕。

5. 持續寬恕

輔導員須提醒他們沒有可能把過犯和傷害完全忘記，但就算憶起一些已寬恕的傷痛，也不等於尚未寬恕對方。

坊間講解饒恕的書籍很多，可挑一些作深入的閱讀。筆者現在想深入討論自我寬恕。

什麼是自我寬恕

在一次有關快樂的講座之後，有一位年輕的女士，憂憂愁愁的問我，如何寬恕自己。我想這也是我們不快樂的一個原因。人生當中，我們做錯的事多的是，我們若不懂得原諒自己，會很不快呢！當時準備不足，未能圓滿地答覆她。現在讓我們細心了解自我寬恕的途徑，重新得到快樂。

自我寬恕是接受自己不是聖人，而是會犯錯的普通人，對於過去所犯的錯，要釋放對自己的憤怒；若對所犯的錯事已承認自己的責任，就不應再以贖罪的方式，對自己過分自責，或無理賠償。認錯後要重拾對自己的愛，當自我拒絕或挫敗感來襲時，我們要學習平復內心的不安，這就是自我寬恕的人會有的表現。反過來說，不能夠自我寬恕的人，他會失卻對自己的愛，甚至對自己冷漠、不尊重自己、自憐、跌進情緒的幽谷。

一個不能夠自我寬恕的人，會有不少非理性的想法，例如：我作的事太差勁，我怎可以原諒自己；我不配接受自己的憐憫和體諒，我本性上一定有一些不能改正的缺陷，我怎能輕易放過自己。

自我寬恕的途徑

首先，我們要檢視自己對寬恕有沒有一些負面的想法，例如預設一些不能寬恕自己的事項；又或者要懲罰自己到什麼程度才可以寬恕自己。我們也可以檢視本源家庭對自己的影響，父母若是苛刻的人，不但對自己要求高，還容易因我們不合他們的行為標準而拒絕我們，我們有可能將這種拒絕內化，使自己不容易原諒自己。

澄清了這些寬恕自己的問題後，我們要建立一些如上一節對寬恕的正確看法。之後，我們可以面對自己某一項的錯事，留意回想錯事時的感受；檢視這件錯事在自己生命中帶來哪些負面的影響，如打擊自信、破壞與人的關係等。正面挑戰自己可以怎樣原諒自己，如何將這錯事放下，不再成為心理負擔。當這些預備功夫完成之後，我們要釋放內心對自己的憤怒。當這些負面的情緒和控訴再出現時，可以用右列的自我對話句子幫助自己。

1. 你不需要完美才可以得到我的接納。
2. 你本質上是個善良的人，你配得我的了解和原諒。
3. 你不需要因這錯事而承受這麼大的重擔。
4. 你在那個情境中，已經盡力做到你能力範圍可以做的事。
5. 我知道你信仰的上帝已經原諒了你，你大可以接受這份寬恕而得到內心的平安。

（對於一個沒有信仰的人來說，他總會對世界或上天有一種理解，就是既然沒有人是完全，上天也不會無止境的要求我們懲罰自己。）

當成功放下對自己的憤怒和不接納，我們會經歷到一份釋放和重拾快樂。將這個經歷好好記住，當再有自我怪責的情緒出現，就以這次釋放的經驗來擊退負面思想的來襲。

我認識一對夫婦，他們的性生活不協調，因為太太認為性是污穢的，丈夫在性方面有很大的需要，因長期被拒絕而向外尋求滿足。太太對性的想法，要追溯背後的原因，原來是婚前性行為所引起，當時她在不情願下與現在的丈夫發生婚前性行為，她覺得十分羞恥和污穢；所以，結婚後她仍然未能原諒自己，無法全情享受婚姻內的性生活，她不能寬恕自己而間接導致丈夫發生婚外情，聽來也令人感到婉惜。

增進快樂習作

習作一

寬恕能將一些負面情緒如憤怒和苦毒轉化為較中性的情緒狀況。試寫一封原諒的信給自己，描述你做錯了的事情、當中的內疚、懊悔或其他的感受，在信中承諾要原諒自己。

習作二

以上的過程也可以應用於得罪你的人身上，描述他得罪或傷害你的事情、當中你的憤怒或其他感受，在信中承諾去原諒他。至於這封信是否寄出，要視乎寄出後會否帶來負面的後果，若你不肯定，就不寄出好了。

快樂小提示

得到原諒是值得記取的恩典！

請翻到〈數算恩典〉（頁 30）

10 我與他人：助人為快樂之本

我們作在自己身上的好事會隨我們逝去，但一些作在別人及世界上的事卻會存留和流芳百世。

Albert Pike，作家

助人的施與受

在成長過程中，我得到不少人幫助，我也覺得幫助人是一件快樂的事。不論是讓位給老人家、朋友的電腦有小毛病要代為修理、或有一些與自己的專業有關的諮詢，我都樂意提出援助，助人的過程與及後得到別人的致謝，都給我良好的感覺。

在眾多助人的事情中，輔導可說是一樣給我最大滿足感的事，看到一個愁眉深鎖的人，經過一段時間的輔導後，變得開朗起來；見到受童年創傷所困的人，離開過去的負面陰影；能夠在別人的成長歷程中扮演一個促進的角色，是多麼榮幸的事。雖然，過程中會有起起跌跌、前行三步倒退兩步的情況，但只要他們在成長路上有進展，我就為他們高興。

不過作為一個有家庭責任的人，我也要平衡幫助外人與幫助家人，若因幫助人而影響家人的福祉，我就要作出調節。例如，我家有一名十歲大的兒子，他在學習上仍需要我的指導和協助，教兒子可是一件十分惱人的事，但看到他的成績不斷有進步，我也因此而得安慰。

在助人過程中得到的喜悅，令我反省，我也應當接受別人的幫助，雖然說施比受更為有福，我也要給別人感恩圖報的機會。例如，讓自己的兒女幫我按摩，我可以得到鬆弛的同時，兒女也因有機會為父親效勞而快樂，又可以藉機會增進親子的溝通和感情，這又何樂而不為。

施比受更為有福

為何助人較受人恩惠更快樂？我在〈數算恩典〉一章提過，受到別人的恩惠，最快樂的是找到那位向人施過恩惠的人報恩，這似乎是完成一個助人與受助後報恩的循環。我想施比受更為有福的原因是，一位施恩不望報的人，他會為能夠幫助人而快樂，受恩惠的人雖然可以有感恩的心而快樂，他卻似乎欠了那施恩的人一個人情。所以，有一些上一代的中國人，仍然有「受人恩惠千年記」的心態，你可以稱為不忘本，但當中似乎留了一條尾巴，有盤恩惠的帳待結算。

我認為受恩和施恩不一定要直接回報，其實施恩惠的人未必要求我們回報，只要我們懷着感恩的心，那受過的恩惠可以透過幫助其他人，間接回報那施恩的人。

既然施比受更為有福，你想成為更加有福的人嗎？這就要看你是否一個樂於助人的人呢？

你是一個樂於助人的人嗎？

心理學家 Oliners（1992）研究一些樂於助人的人，發現他們有以下特性：

1. 他們相信，人與人之間有很多普遍性相似的地方，或說是人性是相通的；
2. 樂於助人的人會珍惜人際的關係多於金錢和權力；
3. 他們有對人關心的承擔感，超過自己的家人或所親愛的人；
4. 他們有一份個人的責任感，要為人解困及釋去他人的痛苦和憂傷。

我自己在一個助人的行業中工作，認識不少前輩，他們都有一種很強的助人承擔，我想這種素質是十分重要的。因為助人的歷程要付出不少心力，也會遇上不少叫人感到沮喪的事，若只為了賺錢來投身這助人的行業，很快就會想轉行放棄。我認識的前輩中，他們不單幫助自己的受助者，連身邊的朋友也受惠呢！

金錢原來也可以帶給你快樂

有研究顯示金錢並不能帶給人快樂，因為在物質上足夠後，再增加財富，似乎對增加快樂的作用不大。不過，若放在助人之用，金錢原來也可以帶給你快樂。正向心理學家 Elizabeth Dunn（2008）連同她的研究隊伍相信，金錢是中性的，如果你只用在增加自己的物質和享樂上，它不能帶給你快樂。他們做了一個研究，發現金錢的多少對快樂的影響並不大，決定性在於你如何使用這些額外的錢。在 Boston 區一間藥廠，每個員工都發定額 5000 元作花紅，研究人員做了一個事前事後（pre & post）的對比，先以五點的刻度（five-point scale）量度每個員工的快樂指數。接受了花紅之後，員工若用上其中的三分一在助人的花費上，事後量度他們的快樂指數，可以有一個位的進步。

正如 *Happier* 的作者 Tal Ben-Shahar（2007）在哈佛大學教授快樂學時給學生的習作，他建議學生在一天內做五個小小的仁慈行動，例如幫助一些露宿者、對餐廳的侍應仁慈一點、或致電問候一名老人家等，這些都是確認能帶來快樂的有效方法。

正向心理學家 Lyubomirsky（2008）提出，人獲取快樂是從經驗多於從你所擁有的。所以將錢應用在幫助人時，你會經歷一個助人的歷程，當中得到的快樂比你所擁有的多。原來花錢在一些建立社羣（pro-social）的事情上，是快樂的源頭。

樂於助人如何帶來快樂

香港近年有不少人提早退休，他們不單持續進修，增進自己的知識和智慧，他們更積極參與一些義務工作，特別是那些已積蓄一定財富的人士，他們不斷尋求在餘下的人生中，找到人生意義。我想義務的工作除了帶給我們意義感外，它會帶給參與義務工作的人快樂。以下是助人帶來快樂的原因：

1. 助人者的生活形態較積極，能更深入更正面參與社會，他們不會被動的感到被社會淘汰；
2. 我們每個人都有自己的問題，在助人的過程中，我們可以放下自己的問題，以及因太過擔心而帶來的焦慮；
3. 助人有助我們建立價值意義感，這是心靈健康的人必備的條件；
4. 助人者自己的效能感會增加，覺得自己是一個有用和有能力的人；

5. 助人時會出現一些正面的情緒，如憐憫、愛等。這些正面的情緒會消解內心的負面情緒；
6. 受助者得到我們的幫助後，也會多謝助人者，或報以微笑。這些正向的互動會帶來快樂。

以上種種助人的好處，你對哪一項特別有體會？但願你能充分享受助人之樂。

增進快樂習作

習作一

助人活動種類繁多，五花八門，包括：

- 向街上的乞丐布施；
- 在交通工具上讓座予長者；
- 在地下鐵站給失明人士帶路；
- 當義工在街上賣旗籌款、在街上捐款買旗；
- 當功課輔導班導師；
- 探訪兒童院；
- 參加助養海外兒童計劃；
- 耐心聆聽別人的傾訴，作出感情支援、安慰；
- 在外地遊訪時主動給陌生人拍照；
- 熱心地向有需要的路人伸出援手；
- 借錢給朋友應急。

試從這些項目中，每星期至少完成五次助人的行動，將它記錄下來，並留意自己的快樂感有沒有增加。

	助人項目	助人後快樂的程度分（1-5），1 分快樂的程度最低；5 分快樂的程度最高。
1		
2		
3		
4		
5		

透過這個記錄的過程，你將會找出哪些助人的項目帶給你最大的快樂。

習作二

不論你的經濟情況如何，你已擁有一樣最寶貴的禮物，就是時間。試將你的時間用於你一項強處上，例如，聆聽朋友的傾訴、教小孩子畫畫等。完成這助人的事後，回想你從中得到的快樂和滿足感。

快樂小提示

幫助有需要的人，讓你學會知足，不比較！

請翻到〈知足、不比較〉（頁 122）

總結：不同層次的快樂

看過以上十個快樂的習慣，你對促進快樂之道有多少掌握呢？

筆者在著作《強心健靈》（2005，頁 125）中，描述了不同層次的快樂，或許在本書總結的部分，我嘗試將快樂的習慣放在不同層次的快樂之中，有助你反思，自己在哪一個層次上的快樂，須要多加努力。例如，你在人際關係上已有很多愉快的經驗，但在人生整體滿足感上卻有缺欠，那麼，你就可以為滿足感的層次上的快樂習慣定一些個人目標，以致能充分體驗不同層次的快樂，讓我先為你分辨快樂的不同層次。

「快感」是一種感觀和強烈的身體反應，它可以不包含思想的元素。快感是短暫的，須要不斷提升快感的程度，才能令當事人快樂，但也容易使人落入上癮或沉溺的惡習，這是現代人因空虛而借助快感來麻醉自己的情況。

「快樂」大多數是來自人際的接觸，透過親密的關係，互相分享交流、談笑、彼此幫助。例如，在家庭中能夠享受天倫之樂，與戀人互愛的喜悅等。但人際間往往有不少衝突，或彼此疏離，真正的友情、愛情，甚或親情，並不是唾手可得的事，我們也要學習在關係有破損後願意饒恕與復和。

「滿足」是當人找到人生目標並完成自己的心願，或一些重大的工作計劃，覺得能發揮所長的感受。又或是看到自己心愛的人成長、快樂時的滿足，它比快感和快樂的感覺長久和多一點飽足。不與人比較是滿足的先決條件，因為很多人雖然有很多值得滿足的事，但往往只看到別人比自己好，就因此不快樂，這是很可惜的。要快樂長久一點，我們應多追求這方面的滿足感。

「忘我入神」是當人發現當前的任務具挑戰性，並能集中精神、有一種深入而不花氣力的參與。這樣，他就樂在其中，不覺時間飛逝。

找到有意義的任務，又能發揮所能，就容易進入這種忘我的狀態，這也是人生一大樂事。

最後一種是喜樂，它有別於以上不同層次的快樂。

「喜樂」與外在環境的關聯不大，研究「快樂」的心理學家，發現外在因素，例如富裕及自由民主的生活環境、已婚及有豐富社會網絡等，只有 8-15% 的影響。反過來説，年紀、性別、教育水平、外表等，都與快樂沒有直接的關係。喜樂是超越環境，心靈在逆境中仍抱樂觀和感恩的心。現將快樂的十個習慣，放在這不同層次的快樂框架中，讀者可以看到這些習慣與不同快樂層次的關係。

不同層次的快樂習慣

分類	層次	例子	快樂的習慣
快感（pleasure）	感觀、身體	溫暖、身體鬆弛、舒適、性高潮	樂在當下、回味
快樂（happiness）	社交、情感	人際接觸	滿足的關係、寬恕、助人為快樂之本
滿足（gratification）	自我發揮	完成心願或工作能發揮所長	標竿人生、知足、不比較
忘我入神（flow）	進入忘我的經歷	沉醉於自己喜歡做的事情	忘我
喜樂（joy）	屬靈	超越環境，心靈在逆境中仍能感恩	數算恩典、樂觀感（盼望）

我將樂在當下和回味放在快感的層次，因為兩者都是以感觀作為快樂的來源。樂在當下是能夠回味的基礎，因為只要我們全情投入在當下的經驗中，這些經驗才會充分地印存我們的腦海，日後才可透過回憶來重新細味。

我將滿足的關係、寬恕和助人三項習慣放在快樂的層次，因為三者都是在人際間的互動產生的，滿足的關係須要努力經營，最理想是雙向的，有付出、也有收取。助人似乎是單向的付出，但付出者在過程中亦有另類的收穫，例如一個參與貧窮地區救援工作的義工，他可以在服務過程中，領悟生命的可貴，或者從受助者身上看到逆境自強的祕訣，從而提升自己的生命質素。人際間並不是沒有誤會和傷害，寬恕是我們透過放下怨恨重拾快樂的操練。

我將標竿人生和知足、不比較放在滿足的層次，當我們定下有意義的目標而又能達成的時候，那份滿足感便出現。另外，一個不與人比較的人，他會為自己所有的知足快樂，而不因看到自己所沒有的而不高興。

最後，數算恩典和樂觀感都屬於屬靈層次。喜樂是超越環境的，甚至在一些看似不如意的事情中，也看到值得感恩的地方，為自己得到身邊的人或上天的愛寵而滿懷感激。人生中有不少困難，一個樂觀的人會看到生命的曙光、眼淚過後會有歡呼到臨。

另外，讀者有否留意，我雖然獨立地介紹這十個快樂的習慣，它們之間除了有層次上的相關，某一個習慣會對另一些習慣有增益的作用。舉感恩為例，感恩可以促進樂觀、良好的人際關係也能帶來感恩；一個心懷感恩的人，他也會較樂於助人。另外，有內在自發目標的人，較容易進入忘我的狀態。能活在當下，盡情享受當前事物的人，也較容易透過回味重溫快樂等。所以，培養多個習慣能整體提升我們快樂的資源。

最後，祝你能過一個全面快樂的人生，在不同的快樂層次上，都有豐富的體驗。

快樂的十個習慣量表

評分方式：你對以下 20 個命題表示同意的程度。

1　非常不同意　　2　不同意　　3　無意見

4　同意　　5　非常同意

你可以比較個別快樂習慣的分數，看哪一方面須要加強。也可以計算總分來評定自己整體上是否能掌握快樂習慣的人。

快樂習慣			1-5 分
感恩	1	我生命中有很多值得感恩的事	
	2	我向身邊對我有恩惠的人充滿感激	
回味	3	我過去的生活有很多愉快的記憶	
	4	我很容易從愉快的回憶中，重新燃點快樂	
忘我	5	我有很多讓我能進入忘我的工作或興趣活動	
	6	我能夠運用自己的才幹去應付有挑戰性的任務	
樂在當下	7	我能享受當前的經驗	
	8	我總是有很充足的時間來完成自己想做的事	
樂觀感	9	我認為不如意的事會很快過去	
	10	未來對我而言，充滿了希望	
標竿人生	11	我覺得生命有意義、有目標	
	12	我常常能理解生活的意義	
知足、不比較	13	我覺得我的日子過得比別人好一點	
	14	我的生活相當如意	
滿足的關係	15	我和親友相處得很愉快	
	16	我有很多喜歡和愛我的親友	
寬恕	17	我能寬恕別人對我的傷害	
	18	我會接納和原諒自己的錯處	
助人為快樂之本	19	我很喜歡幫助別人	
	20	幫助人帶給我不少快樂	

養成快樂習慣的三部曲

在討論完快樂的十個習慣後，我想跟讀者談談養成習慣的方法，我認為方法愈簡單愈好。以下介紹一個只有三個步驟的方法，你可以從本書十個快樂的習慣中，選擇一項你未曾養成的習慣，用以下的步驟來建立。

1. 委身

全心全意想那須要改變的習慣，它為何對你成為一個快樂的人如此重要？留心自己的用語，不要說：「我想我應該怎樣」，這種口吻帶着太多責任的味道；若能說：「我承諾要怎樣」，這種表達帶有委身於這項習慣的力量，成功機會較大。另外，將你想養成的習慣告訴朋友，甚至寫一張承諾書，張貼於家中顯眼的地方，讓家人可以提醒和鼓勵你。

2. 設立檢視機制

習慣的養成與你做這習慣的頻率有關，習慣一定要能量化。舉感恩為例，用一本簿將每天三項值得感恩的事記錄下來，這樣，就是設立一個檢視機制給自己，對做了多少，是否達到目標一目了然。你甚至可以用圖表，統計自己實踐這習慣的情況，給予自己賞罰的指標。

3. 練習、不挫自己的志氣

要建立習慣其實需要反複練習，失敗了、不放棄、再嘗試。或許你會留意到，當我們照承諾去做，那些負面的控訴就會出現，例如：「我一早就知道你沒恆心、三分鐘熱度，看來你是不會成功的了。」我們用了不少精力來怪責自己，其實就在當下重拾這習慣更好呢！無須挫自己的志氣，這樣無補於事。要知道有一些習慣的建立來得容易，而另一些則需要多個星期甚至多個月才能建立起來，意志力和堅持是成功的祕訣。

或許你看這三個步驟似乎很簡單，好的東西並不一定很複雜，不如坐言起行，選定你想建立的快樂習慣來實踐吧。以下的工作紙，可能對你有幫助。

養成快樂習慣的工作紙

你立志要建立的快樂習慣是：

____

將你不想建立這習慣的藉口列出來，然後將它逐項刪掉。

____

將你能建立這習慣的好處寫下。

____

你記錄這習慣進度的方法是：

____

寫下一些你慣常挫自己志氣的說話，出現時提醒自己不要理會它，只管繼續操練那習慣便可，視這些負面說話為你重新開始習慣的提示。

____

你會告訴哪些親友你在努力建立這習慣：

____

記錄你未有這習慣前的快樂程度。1-10，1 代表最不快樂、10 代表最快樂。

一個月後檢視這習慣的實踐情況，並檢視你的快樂程度有沒有增加。

參考書目

Altman, I. & Taylor, D.(1973). *Social Penetration: The Development of Interpersonal Relationships.* New York: Holt.

Ben-Shahar, Tal(2007). *Happier: Learn the Secrets to Daily Joy and Lasting Fulfillment.* Singapore: Mcgraw-Hill Education(ASIA).

Bryant, F.B.(2003). Savoring beliefs inventory(SBI): A scale for measuring beliefs about savouring. *Journal of Mental Health, 12*, 175-196.

Bryant, F. B., & Veroff, J.(2006). *Savoring: A New Model of Positive Experience.* Mahwah,. NJ: Lawrence Erlbaum.

Csikszentmihalyi, Mihaly(1990). *Flow: The Psychology of Optimal Experience.* New York; London: Harper & Row.

Demir, M., & Weitekamp, L.(2007). I am so happy cause today I found my friend: Friendship and personality as predictors of happiness. *Journal of Happiness Studies, 8,* 181-211.

Diener, E.(2000). Subjective well-being. *The American Psychologist, 55*, 34-43.

Diener, E., & Seligman, M. E. P.(2004). Beyond money: Toward an economy of well-being. *Psychological Science in the Public Interest, 5,* 1-31.

Diener, E., & Biswas-Diener, R.(2008). *Happiness: Unlocking the Mysteries of Psychological Wealth.* Boston: Blackwell Publishing.

Dunn, E.W., Aknin, L., & Norton, M. I.(2008). Spending money on others promotes happiness. *Science, 319,* 1687-1688.

Eid, M. & Larsen, R.J.(2008). *The Science of Subjective Well-being.* New York: Guildford Press.

Emmons, R.A. & McCullough, M.E.(2003). Counting blessings versus burdens: An experimental investigation of gratitude and subjective well-being in daily life. *Journal of Personality and Social Psychology, 84* (2), 377-389.

Emmons, R.A.(2007). *Thanks! How the New Science of Gratitude Can Make You Happier.* New York: Houghton-Mifflin.

Fredrickson, B. L.(2001). The role of positive emotions in positive psychology: The broaden-and-build theory of positive emotions. *American Psychologist, 56,* 218-226.

Fredrickson, B. L.(2009). *Positivity.* New York: Crown Publishers.

Gable, S. L., Reis, H. T., Impett, E., & Asher, E. R.(2004). What do you do when things go right? The intrapersonal and interpersonal benefits of sharing positive events. *Journal of Personality and Social Psychology, 87,* 228-245.

Haidt, J.(2007). *The Happiness Hypothesis.* New York: Basic Books Inc.

Hart, A.(1988). *15 Principles for Achieving Happiness.* Dallas, TX: Word Publishing.

Hochschild, A.(1989). *The Second Shift.* New York: Viking.

Johnson, S.(2003). *The Present: Enjoying Your Work and Life in Changing Times.* New York: Random House.

Kahneman, D., Diener, E., Schwarz, N.(2003). *Well-Being: The Foundations of Hedonic Psychology.* New York: Russell Sage Foundation Publications.

Kashdan, T.B., Rose, P., & Fincham, F.D.(2004). Curiosity and exploration: Facilitating positive subjective experiences and personal growth opportunities. *Journal of Personality Assessment, 82,* 291-305.

Kasser, T., & Sheldon, K. M.(2009). Time affluence as a path towards personal happiness and ethical business practice: Empirical evidence from four studies. *Journal of Business Ethics, Vol. 184, No.2,* 243-255.

Keshen, A.(2006). A new look at existential psychotherapy. *American Journal of Psychotherapy, 60* (3), 285-298

Lyubomirsky, S., & Ross, L.(1997). Hedonic consequences of social comparison: A contrast of happy and unhappy people. *Journal of Personality and Social Psychology, 73,* 1141-1157.

Lyubomirsky, S.(2001). Why are some people happier than others? *The American Psychologist, 56,* 239-249.

Lyubomirsky, S.(2008). *The How of Happiness: A Scientific Approach to Getting the Life You Want.* New York: Penguin Press.

Myers, D. G.(1992). *The Pursuit of Happiness. Who Is Happy and Why?* New York: Morrow.

Myers, D. G.(2000). The funds, friends, and faith of happy people. *American Psychologist, 55,* 56-67.

Myers, D. G.(2009). Happiness. Excerpted from *Psychology*(9th edition). New York: Worth Publishers.

Oishi, S., & Koo, M.(2008). Two new questions about happiness: "Is happiness good?" and "Is happier better?". In M. Eid & R. J. Larsen.(Eds.), *Handbook of Subjective Well-being*(pp.290-306). New York: Oxford University Press.

Oliner, Samuel P., & Oliner, Pearl M.(1992). *The Altruistic Personality: Rescuers of Jews in Nazi Europe.* New York: Free Press.

Peterson, C., & Seligman, M. E. P.(2004). *Character Strengths and Virtues.* Washington, DC: American Psychological Association.

Peterson, C.(2006). *A Primer in Positive Psychology.* New York: Oxford University Press.

Post, Stephen G.(2005). Altruism, happiness, and health: It's good to be good. *International Journal of Behavioral Medicine, vol. 12, no. 2,* 66-77.

Post, S. & Jill N.(2007). *Why Good Things Happen to Good People: The Exciting New Research that Proves the Link Between Doing Good and Living a Longer, Healthier, Happier Life.* New York: Broadway Books/Random House.

Segal, Z., Williams, M., & Teasdale, J.(2002). *Mindfulness-based Cognitive Therapy for Depression: A New Approach to Preventing Relapse.* New York: Guilford Press.

Seligman, M. E. P.(2002). *Authentic Happiness.* New York: Free Press.

Seligman, M. E. P., & Csikszentmihalyi, M.(2000). Positive psychology: An introduction. *American Psychologist, 55*, 5-14.

Snyder, C. R., & Lopez, S. J. (Eds.).(2005). *Handbook of Positive Psychology.* New York: Oxford University Press.

Schlossberg, N. K., Waters, E. B., & Goodman, J.(1995). *Counseling Adults in Transition: Linking Practice with Theory* (2nd ed.). New York: Springer.

Schwartz, B., Ward, A., Monterosso, J., Lyubomirsky, S., White, K., & Lehman, D.(2002). Maximizing versus satisficing: Happiness is a matter of choice. *Journal of Personality and Social Psychology, 83,* 1178-1197.

Sturman, E. & Mongrain, M.(2005). Self-Criticism and Major Depression: An evolutionary framework. *British Journal of Clinical Psychology, 44,* 505-519.

Williams, J. M. G., Teasdale, J. D., Segal, Z. V., & Kabat-Zinn, J.(2007). *The Mindful Way Through Depression: Freeing Yourself from Chronic Unhappiness.* New York: Guilford Press.

Wood, A. M., Joseph, S., & Linley, P. A.(2007). Coping style as a psychological resource of grateful people. *Journal of Social and Clinical Psychology, 26,* 1108-1125.

Worthington, E.L., Jr.(1998). *Dimensions of Forgiveness: Psychological Research and Theological Perspectives.* Philadelphia: Templeton Foundation Press.

沙利文（Martin E. Seligman）著，洪蘭譯（2003）：《真實的快樂》。台北：遠流出版社。

史賓賽．強森（Spencer Johnson）著，莊靜君譯（2005）：《禮物》。台北：平安文化。

區祥江（2005）著：《強心健靈》。香港：天道書樓有限公司。

萊亞德（Richard Layard）著，陳佳伶譯（2006）：《快樂經濟學》。台北：經濟新潮社。

區祥江（2008）著：《生命軌迹——13 個助人自助的成長關鍵》。香港：突破出版社。